ratio

Band 23

DIE GESCHICHTE VON JOSEPH UND SEINEN BRÜDERN

bearbeitet von
Wilfried Olbrich

C. C. Buchners Verlag · Bamberg

ratio

Lernzielbezogene lateinische Texte
Begründet von Erich Happ und Klaus Westphalen
Herausgegeben von Wolfgang Flurl und Gerhard Jäger

Abbildungen: National Gallery of Art, Washington; Rijksmuseum, Amsterdam; Schleswig-Holsteinisches Landesmuseum Schloß Gottorf, Schleswig; Staatsbibliothek, Bamberg; Staatsbibliothek, München; Staatsbibliothek, Wien (2); Verlagsarchiv (4).

1. Auflage 1 3 2 1 1993 92 91
Die letzte Zahl bedeutet das Jahr dieses Druckes.
Alle Drucke dieser Auflage sind, weil untereinander unverändert, nebeneinander benutzbar.

ISBN 3 7661 **5853** 8

Gesamtherstellung: Fränkischer Tag GmbH & Co. KG, Bamberg

Inhaltsverzeichnis

Vorbemerkung

Hier wird erstmals der Versuch unternommen, einen größeren Abschnitt des Alten Testaments in der lateinischen Fassung der Vulgata für den Lektüreunterricht der Mittelstufe zu erschließen. Daß die Wahl dabei auf die Josephserzählung der Genesis gefallen ist, hat seine Gründe. Gehört doch diese Geschichte zum Schönsten und Bedeutendsten, was die Erzählliteratur der Völker hervorgebracht hat. Zudem ist sie in einer Weise jugendgemäß wie kaum eine andere des Altertums: spannend, voller wechselhafter Handlung, zur Identifikation einladend. Wer sich ernsthaft auf sie einläßt, wird von ihr nicht unberührt bleiben, vielleicht sogar auf Dauer geprägt werden.
Das lateinische Gewand soll diese ernsthafte Einlassung unterstützen. Die fremde Sprache zwingt zu längerer Beschäftigung, zum Reflektieren der Details. Andererseits ist das Latein des heiligen Hieronymus leicht genug, um zügiges Vorwärtsschreiten zu gewährleisten. Weder Nepos noch Cäsar oder Cicero lassen sich so leicht erschließen. „Lektüre" ist hier endlich einmal kein didaktischer Euphemismus.
Der Text läßt sich in verschiedenen Phasen des Lateinunterrichts einsetzen. Er ist bereits als Übergangslektüre im unmittelbaren Anschluß an die Grammatikphase geeignet, kann aber auch am Ende der Mittelstufe sehr gewinnbringend sein. Als ungefährer zeitlicher Ansatz sei ein Umfang von etwa 20 (maximal 30) Stunden genannt. Natürlich muß das Lesetempo variiert werden; Phasen genauer Textarbeit werden mit solchen eher kursorischer Erfassung abwechseln.
Der Umfang des Lektüreprojekts hängt natürlich auch davon ab, in welchem Maße das Zusatzangebot von Rezeptionsdokumenten aus Literatur und Kunst genutzt wird. Es soll mehr sein als schmückendes Beiwerk. Denn dieser Text verlangt wie kaum ein anderer nach fachübergreifenden Bezügen. Religion, Geschichte, Deutsch, Kunst und Musik sind in vielfältiger Weise mit ihm verbunden.
Bewußt verzichtet wurde in dieser Ausgabe auf vorformulierte Erschließungsfragen. Jeder Lehrer, der sich von diesem Text angesprochen fühlt, wird sie selber finden. Für Kommentierung und Interpretation bieten die folgenden Bücher wertvolle Hilfe:
Westermann, Claus: Genesis. 3. Teilband: Genesis 37–50. – Neukirchen-Vluyn 1982. (Biblischer Kommentar: Altes Testament)
Westermann, Claus: Am Anfang. 1. Mose. – Teil 2: Jakob und

HAP Grieshaber: Joseph, Mittler zwischen Israel und Ägypten (1970)

Esau/Die Josepherzählung. – Neukirchen-Vluyn 1986. (Kurzfassung des erstgenannten Kommentars)
Scharbert, Josef: Genesis 12–50. – Würzburg 1986. (Die Neue Echter Bibel: Kommentar zum AT mit der Einheitsübersetzung)
Schenker, Adrian: Versöhnung und Sühne: Wege gewaltfreier Konfliktlösung im Alten Testament. – Freiburg (Schweiz) 1981.
Der Text dieser Schulausgabe stützt sich auf die Nova Vulgata Bibliorum Sacrorum Editio. – Libreria Editrice Vaticana 1979.
Über das Nachleben des Stoffes in Literatur und Kunst informieren die einschlägigen Handbücher:
Frenzel, Elisabeth: Stoffe der Weltliteratur. – Stuttgart[3] 1970.
Kirschbaum, E. (Hg.): Lexikon der christlichen Ikonographie. – Rom/Freiburg/Basel/Wien 1968 ff. (Nachdruck 1990).
Für vielfältige Anregung und Unterstützung bei der Arbeit an dieser Schulausgabe gilt der besondere Dank des Bearbeiters dem Herausgeber der Reihe, Herrn Dr. Wolfgang Flurl, sowie dem Verlag und den beiden anonymen Gutachtern.

1. Einleitung

1.1 Die Josephserzählung im Buch Genesis

Die Geschichte von Joseph und seinen Brüdern ist eine der schönsten Erzählungen der Weltliteratur. Das Schicksal Josephs, des Sohnes von Jakob, sein Streit mit den Brüdern, sein tiefer Fall, sein Aufstieg im fernen Ägypten und die schließliche Versöhnung der so lange entzweiten Familie haben die Menschen aller Zeiten tief bewegt und beeindruckt, die Juden ebenso wie die Christen und Mohammedaner, und immer wieder zu neuen Gestaltungen angeregt.

Dabei wurde freilich die älteste Fassung niemals übertroffen. Sie findet sich im ersten Buch des Alten Testaments, das griechisch ‚Genesis' genannt wird, was soviel bedeutet wie „Entstehung" (der Welt, der Menschheit und des Volkes Israel). Dieses Buch, das auch das ‚Erste Buch Mosis' heißt, da Moses lange Zeit als der alleinige Verfasser der ersten fünf Bücher des Alten Testaments galt, erzählt zunächst in den Kapiteln 1–11 die sog. Urgeschichte, d. h. die Erschaffung der Welt und des Menschen, die Vertreibung von Adam und Eva aus dem Paradies, den Brudermord von Kain an Abel, die Sintflut, aus der sich nur Noah mit seiner Arche rettet. Sie endet mit dem berühmten Turmbau von Babel und geht dann über in die sog. Vätergeschichte, die von den drei Erzvätern des Volkes Israel erzählt: von Abraham, seinem Sohn Isaak und dessen Sohn Jakob (Kapitel 12–36). An diesen Bericht schließt sich im letzten Viertel der Genesis, in den Kapiteln 37–50, nun die Josephserzählung an.

1.2 Entstehung und geschichtlicher Hintergrund

Obwohl sie in den Gesamtzusammenhang der Vätergeschichte eingebettet ist und im zweiten Buch des Alten Testaments, dem Buch ‚Exodus' (d. h. Auszug), ihre Fortsetzung findet, ist sie eine in sich geschlossene, kunstvoll aufgebaute Familiengeschichte, fast eine klassische Novelle. Über ihre Entstehung streiten die Gelehrten. Wann ist sie in der uns vorliegenden Fassung geschrieben worden? Wirklich zur Zeit von Moses um 1250 v. Chr. oder wesentlich später, vielleicht zur Zeit von König Salomon um 950 v. Chr.? Stammt sie von einem Autor, oder sind zwei oder mehr frühere,

möglicherweise nur mündlich überlieferte Fassungen später zu einer zusammengearbeitet worden? Darauf ist bis heute keine endgültige Antwort gefunden worden.
Umstritten ist auch die Frage nach dem historischen Kern der Erzählung. Vor allem die Vorgänge in Ägypten sind so wirklichkeitsnah geschildert, daß man unwillkürlich nach einer zeitlichen Festlegung sucht. In welche Epoche der ägyptischen Geschichte gehört die Josephserzählung? Die Antworten der Wissenschaft fallen so verschieden aus, daß sie allesamt nur als Hypothesen gelten können. Einige Forscher vertreten die Theorie, daß die Vorgänge um Joseph am ehesten in der Zeit anzusiedeln sind, als Ägypten unter der Fremdherrschaft der Hyksos stand, d. h. in der Zeit von 1670–1570 v. Chr. Andere halten die sog. Amarnazeit um 1360 mit dem berühmten Pharao Echnaton für den wahrscheinlicheren zeitlichen Rahmen, wieder andere die sog. Ramessidenzeit der 19. Dynastie von etwa 1300–1200. Und ein Wissenschaftler erklärt alle diese Datierungen für falsch und glaubt, daß die Josephsgeschichte frühestens im 7. Jahrhundert v. Chr. anzusetzen ist. Oder sind alle diese Versuche der zeitlichen Einordnung deshalb vergeblich, weil Joseph gar keine historische Figur ist, sondern nur der Idealtyp einer Beispielerzählung? Auch diese Theorie wird vertreten.
Die noch andauernde fachliche Diskussion unter Bibelwissenschaftlern zeigt, wie schwer es ist, gesicherte Kenntnisse über Entstehung und historischen Hintergrund dieser so alten Erzählung zu gewinnen. Für ihr Verständnis brauchen wir sie aber gar nicht, da ihr menschlicher Gehalt eindeutig und aus dem Text selbst heraus klar ist. Trotz ihrer Gebundenheit an Ort und Zeit ist sie zeitlos und allgemeingültig als eine exemplarische Geschichte von menschlichem Handeln unter göttlicher Leitung, von Haß und Liebe, Streit und Versöhnung, von verlorenem und wiedergewonnenem Familienfrieden.

1.3 Die lateinische Fassung der Bibel

Wie alle Bücher des Alten Testaments ist die ‚Genesis' ursprünglich in hebräischer Sprache geschrieben. Die älteste und bedeutendste Übersetzung des gesamten Alten Testaments ins Griechische erfolgte im 3. Jahrhundert v. Chr. und trägt den Namen ‚Septuaginta', abgekürzt LXX, da sie angeblich von 70 (genauer 72) jüdischen Gelehrten erarbeitet worden ist.

Übersetzungen ins Lateinische gab es erst später, seit dem 2. Jahrhundert n. Chr., wobei die griechische ‚Septuaginta' die Grundlage bildete. Die für die Zukunft wegweisende lateinische Fassung der gesamten Bibel, die alle anderen lateinischen Versionen verdrängte, ist das Verdienst eines einzigen Mannes. Der Kirchenlehrer **Hieronymus** (ca. 345 – ca. 420) hat sie im Auftrag des Papstes Damasus im Jahre 382 n. Chr. begonnen und als sein bedeutendstes Werk und eine der größten Gelehrtenleistungen der Antike zu Ende geführt. Er ging bei seiner Übertragung des Alten Testaments wieder auf den hebräischen Urtext zurück. Die lateinische Bibel des Hieronymus setzte sich unter der Bezeichnung ‚Vulgata', d. h. die allgemein verbreitete (Ausgabe), allmählich gegen ihre Konkurrenten durch. Im Konzil von Trient wurde sie 1546 als allein „authentisch" erklärt. Das bedeutete jedoch nicht, daß von da an auf Verbesserungen des Textes ganz verzichtet wurde. Die letzte behutsame Überarbeitung der ‚Vulgata' erfolgte im Auftrag von Papst Paul VI. seit 1965 und kam unter Papst Johannes Paul II. 1979 zum Abschluß. Auf diese sog. ‚Nova Vulgata' geht der Text der vorliegenden Ausgabe der Josephserzählung zurück.

Der heilige Hieronymus. Holzschnitt von Albrecht Dürer

1.4 Sprachliche Besonderheiten

Das Latein der Vulgata, wie es uns in der Josephserzählung begegnet, unterscheidet sich deutlich von der klassischen Sprache Cäsars und Ciceros. Dies betrifft jedoch kaum die Formenlehre und in nur geringem Umfang die Satzlehre. Die Hauptunterschiede sind stilistischer Natur und bewirken ein gerade für Schüler höchst erfreuliches Ergebnis: ein Latein, das wesentlich leichter zu verstehen und zu übersetzen ist als alles, was wir bei Cäsar, Cicero und den anderen Prosaschriftstellern des klassischen Rom finden. Die wesentlichsten Unterschiede sind die folgenden:

1. Formenlehre:

Die hebräischen Eigennamen werden teils dekliniert, z. B. *Rachel, Rachélis,* teils bleiben sie undekliniert und endungslos, z. B. *Ioseph, Iacob.*
Beispiel: *Dixit ad Ioseph.*
in Sichem (neben: *in Sichimis*)

Häufig findet sich das sog. verschobene Plusquamperfekt, z. B. *fuerat sciscitatus* ~ *sciscitatus erat.*

2. Pronomina und Präpositionen:

Häufig stehen *ille, ipse* für *is.*
Beispiele: *Cumque fratres illius morarentur in Sichem, dixit Israel ad Ioseph.*
Quid nobis prodest, si celaverimus sanguinem ipsius?

Suus, -a, -um . . . hat nicht selten den Sinn von *eius/eorum.*

Manchmal ersetzt ein Präpositionalausdruck den einfachen Kasus.
Beispiel: *Dixitque ad eos.* (neben: *Dixit eis.*)

Ortsruhe und Richtungsangabe werden nach *in* nicht immer streng geschieden.
Beispiel: *Tulitque anulum de manu sua et dedit eum in manu eius* (statt *in manum*).

3. Satzlehre:

Der Aufforderungssatz wird teils mit *ne,* teils — entgegen der klassischen Regel — mit *non* verneint.
Beispiele: *Ne irascamini in via!*
Aber: *Non interficiamus animam eius!*

Ein zweiter Finalsatz wird in der Regel mit *et* (. . .) *non* (statt klassisch *neque* oder *neve/neu*) angefügt.

Beispiel: *Emite nobis necessaria, ut possimus vivere et non consumamur inopia!*

Das Futur I ersetzt häufig den Imperativ bzw. den Deliberativ.

Beispiele: *Tu eris super domum meam.*
Quo ibo?

Das Partizip Futur + *esse* bedeutet oft das gleiche wie das einfache Futur, z. B. *consumptura est* ~ *consumet.*

Der AcI wird nicht selten durch einen indikativischen oder konjunktivischen Nebensatz mit *quod* oder *quia* ersetzt, vor allem nach den Verben *videre, audire, scire, nescire.*

Beispiele: *Oculi fratris mei Beniamin vident, quia os meum est.*
Nesciebant autem, quod intellegeret Ioseph.

Auch kausales *quod/quia* kann ohne besonderen Grund mit Konjunktiv stehen, z. B. *eo quod in senectute genuisset eum.*

4. Stil:

Auffällig ist der einfache, ganz überwiegend parataktische Erzählstil. Lange, komplexe Perioden gibt es nicht.
Die Sätze werden in der Regel eng miteinander verbunden, entweder durch relativen Satzanschluß oder durch Konjunktionen wie *et, -que, quoque, enim, autem, vero, ergo, igitur* u. a., deren Bedeutung dabei meist abgeschwächt ist.

Sehr häufig begegnet das participium coniunctum, besonders im Präsens, im Sinn eines relativen oder adverbialen Nebensatzes. Die Vorzeitigkeit wird dabei häufig vernachlässigt.

Beispiele: *Et extrahentes Ioseph de cisterna vendiderunt eum.*
Onerantes iumenta ite.

Vor allem dient das Part. Präs. zur Einleitung einer wörtlichen Rede.

Beispiel: *Et praecepit eis dicens.*

Das PPP bezeichnet oft einen begleitenden Nebenumstand, ohne die Vorzeitigkeit zu meinen, z. B. *fratre . . . retento.*

Der ablativus absolutus steht gelegentlich auch dann, wenn ein Bezugswort im Satz vorhanden ist, z. B. *Quo respondente . . . ait ei.*

Das Prädikat erscheint selten am Satzende, sondern vorwiegend vor dem Subjekt, häufig auch am Satzanfang.

Beispiele: *Invidebant igitur ei fratres sui.*
Erat autem Ioseph pulchra facie et decorus aspectu.

Magnus steht i. a. nach, nicht vor dem dazugehörigen Wort.

Einen großen Beitrag zur leichten Lesbarkeit des Textes leistet die reiche Verwendung von personalen, possessiven und demonstrativen Pronomina, wodurch die Beziehungen im Satz klarer werden.

Rhetorische Mittel dagegen werden höchst sparsam verwendet; nur das Hyperbaton ist öfters zu finden.
Beispiele: *Ecce septem anni venient fertilitatis magnae.*
Fratrem adducite, ut possim vestros probare sermones.

Insgesamt ist dem Text der Charakter mündlichen Erzählens deutlich anzumerken. Dazu gehört auch die vielfache wörtliche Rede, in der sich ein Großteil der Erzählung abspielt. Wiederholungen werden dabei nicht vermieden, sondern im Gegenteil bewußt zum Stilmittel erhoben, etwa bei der doppelten Erzählung der Träume des Pharao oder der Wiedergabe der Erlebnisse in Ägypten in der Rede vor Jakob. Daß dabei nicht wortgetreu wiederholt wird, sondern in leichter Variation des Wortlauts, läßt keine Langeweile aufkommen, sondern vermittelt den Eindruck lebendigen Erzählens.

1.5 Fortleben des Stoffes in Literatur, Musik, bildender Kunst

Kaum ein anderer Stoff der Weltliteratur hat ein so reiches Fortleben wie die Geschichte von Joseph und seinen Brüdern. In immer neuen Formen und Abwandlungen begegnet sie uns bei den Dichtern des Orients wie des Okzidents. Davon kann hier nur eine kleine Auswahl Erwähnung finden.
Wie lebendig die Geschichte bei den Juden war, beweisen ihre Ausweitungen in den **Apokryphen zum Alten Testament** (d. h. den nicht in die Bibel aufgenommenen Parallelüberlieferungen) ebenso wie der griechisch schreibende Historiker **Flavius Iosephus** (ca. 37—ca. 100 n. Chr.), der sie in seine ‚Jüdische Altertumskunde‘ aufnahm. Aber auch der **Koran,** die heilige Schrift des Islams, kennt Joseph und widmet ihm die ganze 12. Sure (d. h. Kapitel). „Erzählen wollen wir die schönste der Geschichten“, so wird dort die Erzählung eingeleitet. Besonders beliebt wurde der Stoff dann in der persischen Literatur, wofür die großen Dichter **Firdusi** (11. Jh.) und **Dschami** (15. Jh.) in umfangreichen Epen Zeugnis ablegen. Beide nannten ihre Werke ‚Jussuf und Suleika‘ und wandten sich besonders der Verführerin Josephs zu, die den Namen ‚Suleika‘ erhielt. (Der Name ist in der deutschen Literatur berühmt geworden durch Goethes großen Gedichtzyklus ‚Westöstlicher Divan‘ [1819].)

Die christliche Überlieferung widmete sich dagegen mehr Josephs Frau Aseneth. Im späten Mittelalter wird der Stoff für das Theater gewonnen, und besonders das lateinische und deutschsprachige Schuldrama der Humanistenzeit kennt zahlreiche Josephs-Spiele mit moralisierender Tendenz. Großen Umfang haben die barocken Josephsromane: **Hans Jakob Christoffel von Grimmelshausen** (um 1622—1676) nannte den seinen ‚Des vortrefflichen keuschen Josephs in Egypten erbauliche . . . Lebensbeschreibung' (1667), und **Philipp von Zesen** (1619—1689) gab seiner Fassung den Titel ‚Assenat, das ist Derselben und des Josefs Heilige Stahts- Liebs- und Lebens-Geschicht . . .' (1670).
Überspringen wir die Bearbeitung des Stoffes im 18. und 19. Jahrhundert — ein Joseph-Gedicht des jungen Goethe ist leider verlorengegangen —, um zu seiner größten und berühmtesten Neugestaltung in unserem Jahrhundert zu kommen: zu dem gewaltigen vierteiligen Romanzyklus ‚Joseph und seine Brüder', den **Thomas Mann** (1875—1955) in den Jahren 1933 bis 1943 schrieb. In ihm erzählt der Autor nicht nur den Stoff detailreich und phantasievoll unter Aufbietung aller Mittel der modernen Psychologie nach, sondern er setzt sich intensiv mit der Wirkung des Mythos überhaupt auseinander. Nach dieser Gipfelleistung literarischer Nachgestaltung des biblischen Themas ist es schwer, ihm weitere neue Aspekte abzugewinnen. Es sei denn, man versucht es auf einem ganz anderen Gebiet, wie der populäre Münchner Mundartdichter **Michl Ehbauer,** der den Stoff in seiner ‚Baierischen Weltgschicht' (1952) in humorvolle Dialektverse umsetzt.

Auch die Musik ist am Stoff der Josephserzählung nicht vorbeigegangen. Von **Georg Friedrich Händel** (1685—1759) stammt ein Oratorium ‚Joseph und seine Brüder' (1744). **Etienne Méhul** (1763—1817), einer der bedeutendsten Komponisten Frankreichs zur Zeit der großen Revolution, komponierte sein Hauptwerk, die 1807 uraufgeführte Oper ‚Joseph in Ägypten', auf einen Text von Alexandre Duval und erlebte damit einen großen Erfolg. Entsprach doch die schließliche Versöhnung unter den Brüdern genau der dritten der drei Forderungen der Revolution: „Freiheit, Gleichheit, Brüderlichkeit". Heute ist das Werk fast vergessen, doch im 19. Jahrhundert war es sehr beliebt, und das Auftrittslied Josephs wurde so populär, daß es als anonyme Volksballade in ganz Europa gesungen wurde.
Während Méhuls Oper das Schicksal Josephs insgesamt präsentiert, beschränkt sich die Ballett-Pantomime ‚Josephslegende' mit der

farbigen Musik von **Richard Strauss** (1864—1949) auf die Episode mit Potiphars Frau und ihren mißglückten Verführungsversuch. Den Schluß bilden hier entgegen der Vorlage die Rettung Josephs durch göttliche Hilfe und der Tod der Verführerin. Das Werk geht auf eine Anregung von Hugo von Hofmannsthal (1874—1929) zurück, der zusammen mit Harry Graf Keßler das Szenarium verfaßte. Die Uraufführung erfolgte im Jahre 1914 in Paris.
Neben Oratorium, Oper und Ballett bemächtigte sich auch das Musical des traditionsreichen Themas, mit viel Witz und Ironie, wie es der Gattung entspricht. Unter dem Titel ‚Joseph and the Amazing Technicolor Dreamcoat' kam es 1967 erstmals auf die Bühne mit der Musik des Engländers **Andrew Lloyd Webber** (geb. 1948) — ein effektvolles, auch in vielen Schulaufführungen bewährtes Frühwerk des später so erfolgreichen Musicalkomponisten (‚Jesus Christ Superstar', ‚Cats', ‚The Phantom of the Opera').

Die Dramatik der Josephserzählung hat in der christlichen Kunst schon früh zu bildhafter Darstellung gereizt. Szenen wie Josephs Traumerzählung, seine Versenkung in den Brunnen, seine Flucht vor Potiphars Frau, der Empfang seiner Brüder und das Wiedersehen mit Jakob sind immer wieder ins Bild gesetzt worden, entweder einzeln oder als ganzer Zyklus. Die frühesten von ihnen stammen aus dem 6. Jahrhundert n. Chr. Es handelt sich um die Miniaturen in einer berühmten Handschrift, der sog. **Wiener Genesis,** und um zehn Elfenbeinreliefs auf einem Bischofsthron in Ravenna, dem sog. **Maximiniansthron.** Das Hochmittelalter kennt Josephszyklen mit über 40 Einzelszenen. Besonders berühmt sind die Mosaiken in der Vorhalle der **Markuskirche in Venedig** aus dem 13. Jahrhundert. Natürlich enthalten nahezu alle illustrierten Bibeln, seien es Handschriften oder Drucke, Szenen aus unserer Geschichte. Die Techniken wechseln: farbige Miniaturen, Holzschnitte, Kupferstiche, Lithographien lösen einander ab; die Inhalte aber bleiben gleich. Die eindrucksvollsten Bilder zur Josephserzählung sind ohne Zweifel die von **Rembrandt** (1606—1669), der immer wieder zu diesem Thema zurückgekehrt ist, im großen Gemälde ebenso wie in der kleinen Zeichnung oder Radierung. Aber auch in unserer Zeit setzen Künstler diese Tradition fort. So hat im Jahre 1970 **HAP Grieshaber** (1909—1981) für eine Kirche in Stuttgart einen Josephszyklus aus 36 großen Linolschnitten geschaffen, der das Geschehen in die Bildsprache unserer Zeit übersetzt.

1.6 Eigennamenverzeichnis

(Die von der Vulgata abweichende Schreibweise steht in Klammern, gemäß Reclams Bibellexikon, Stuttgart[4] 1987).

Abraham: der erste der drei Stammväter der Israeliten; Vater von Isaak, Großvater von Jakob
Aseneth (Asenat): Tochter des ägyptischen Priesters Putiphar
Aser (Ascher): Sohn von Jakob und Zelpha, der Sklavin Lias
Beniamin (Benjamin): jüngster Sohn von Jakob und Rachel
Bilha: Sklavin der Rachel, Mutter von Dan und Nephtali
Chanaan (Kanaan): Siedlungsgebiet der Israeliten in Palästina
Dan: Sohn von Jakob und Bilha, der Sklavin Rachels
Dothain (Dotan): Ort in Chanaan, nördlich von Samaria
Ephraim (Efraim): jüngerer Sohn von Joseph und Aseneth
Gad: Sohn von Jakob und Zelpha, der Sklavin Lias
Galaad (Gilead): Bergland östlich des Jordan
Gessen (Goschen): ägyptische Landschaft östlich des Nildeltas
Hebraeus, -a, -um: hebräisch; (selten ~ Nachkomme Abrahams)
Hebron: Stadt südlich von Jerusalem
Heliopolis, -eos: ägyptische Stadt im Nildelta
Iacob (Jacob): Sohn von Isaak und Rebekka
Israel: Beiname Jakobs; später Bezeichnung seiner Nachkommen
Ioseph (Joseph): Sohn von Jakob und Rachel
Ismaëlitae, -arum: Nomadenstamm aus der arabischen Wüste
Issachar: Sohn von Jakob und Lia
Iudas, -ae (Juda): Sohn von Jakob und Lia
Levi: Sohn von Jakob und Lia
Lia (Lea): Jakobs Frau, Rachels Schwester
Machpala (Machpela): Höhle bei Hebron, Grabstätte Jakobs
Manasses (Manasse): älterer Sohn von Joseph und Aseneth
Nephtali (Naftali): Sohn von Jakob und Bilha, der Sklavin Rachels
Pharao: Titel des Gottkönigs von Ägypten
Putiphar, -aris (Potiphar): 1. Oberster Leibwächter, Josephs Herr; 2. Priester, Vater von Aseneth und Josephs Schwiegervater
Rachel (Rahel): Jakobs Frau, Lias Schwester
Ramesse (Ramses): ägyptische Stadt im Nildelta
Ruben: ältester Sohn von Jakob und Lia
Saphaneth Phanec: ägyptischer Beiname für Joseph als Vizekönig
Sichem: bedeutender Ort nördlich von Jerusalem
Simeon: Sohn von Jakob und Lia
Zabulon (Sebulon): Sohn von Jakob und Lia
Zelpha (Silpa): Sklavin der Lia, Mutter von Gad und Aser

1.7 Lernwortschatz

Die folgenden Vokabeln sollten vor bzw. während der Lektüre gelernt werden. Sie kommen entweder im Text mehrfach vor oder sind in der Wortkunde von Raab/Kessler enthalten. Wörter mit Sternchen * sind Schülern mit Latein als erster Fremdsprache bereits bekannt.

absque (Präp. m. Abl.)	ohne; nicht gerechnet
*adhūc	bis jetzt; noch, noch immer
ad-ōrāre	anbeten; sich verneigen
*agnōscere	(wieder)erkennen, anerkennen
*ambō, -ae, -ō	beide
*amnis, -is (m.)	Strom
*arāre	ackern, pflügen
*arbiter, -trī	Augenzeuge, Mitwisser
*armentum	Herde, Rind
asinus	Esel
aula	Halle, Hof, Palast

bene-dīcere (+ Dat./Akk.)	segnen
*biennium (*annus*)	zwei Jahre
*blandus	schmeichelnd, verlockend

calix, -icis (m.)	Becher
*cēlāre	verbergen, geheimhalten
cibāria, -ōrum	Nahrungsmittel, Lebensmittel
cisterna	Zisterne, Brunnen
*collum	Hals
com-edere (*ēdī, -ēsum/ēstum*)	(auf)essen, verzehren, speisen
con-gregāre (*grex*)	versammeln
cōn-sīderāre	betrachten, erwägen, bedenken
*cōn-sōlārī	trösten, lindern
cōn-sōlātiō	Trost
*cōn-spectus, -ūs	Anblick, Gesichtskreis
*con-templārī	betrachten, beobachten
*cōram (Präp. m. Abl.)	bei, in Gegenwart von
crassus	fett, dick
*currus, -ūs	Wagen
*custōdia	Wache, Haft, Gefängnis

*decōrus	schön
*dēvorāre	verschlingen, auffressen
*diciō, -ōnis	Macht, Gewalt, Herrschaft

dispēnsātor	Verwalter
*duplex, -icis	zweifach, doppelt
ē-levāre	erheben, aufrichten
ēn (griech.)	sieh!, seht!
eō quod	(verstärktes *quod*)
ēsca *(ĕdere)*	Nahrung, Getreide
*ēventus, -ūs	Ausgang, Erfolg
*explōrātor	Kundschafter, Spion
*faciēs, -ēī	Gesicht; Aussehen
famulus	Diener
*fera *(bēstia)*	wildes Tier
*foedus (Adj.)	häßlich, abscheulich
*forās (Adv.)	hinaus
*fōrmōsus	wohlgestaltet, schön
innoxius (= *innocēns*)	unschuldig
*interpres, -etis	Vermittler, Dolmetscher
*interpretārī	auslegen, deuten
iumentum	Zugtier, Lasttier
*iūs iūrandum, iūris iūrandī	Eid
*iuxtā (Präp. m. Akk.)	gemäß, zufolge
*lavāre *(lāvī, lautum/lōtum)*	waschen
lēnīre	mildern, lindern, besänftigen
*lēnis, -e	mild, sanft
*licentia	Freiheit; Erlaubnis
*ligāre	binden
*maeror	Trauer, Wehmut
*mel, mellis (n.)	Honig
*ministerium	Dienst
ministrāre	(be)dienen; verschaffen
mūtuō (Adv.)	untereinander, zueinander
*nītī (+ Inf.)	sich anstrengen, sich bemühen
numquid	etwa (nicht)? (verstärktes *num*)
*ob-oedīre (*audīre*)	(hören auf ~) gehorchen
*obsecrāre	beschwören, anflehen
*ovis, -is (f.)	Schaf; Pl. Kleinvieh
*pābulum	Futter
*palūs, -ūdis (f.)	Sumpf

parvulus	(ganz) klein; Pl. (kleine) Kinder
*pāscere	weiden lassen, füttern
*pāstor	Hirte
*pavor	Furcht, Angst
porrigere (-rēxī, -rēctum*)	darreichen, ausstrecken, gewähren
*possessiō, -ōnis	Besitz
prae-positus (+ Gen.)	der Oberste, Vorgesetzte
prīmō-genitus	erstgeboren
*prīstinus	ehemalig, früher; vergangen
*profānus	unheilig, ungeweiht; unerlaubt
prō-geniēs, -ēī	Abstammung, Nachkommenschaft
prōnus	(vorwärts) geneigt
*prosper, -era, -erum	günstig, glücklich, erwünscht
prōtinus (Adv.)	sofort
*recūsāre	zurückweisen, ablehnen
*rūrsum = *rūrsus*	wieder
saccus	(Getreide-)Sack (Demin. *sacculus*)
satelles, -itis	Leibwächter
scindere (*scidī, scissum*)	zerreißen
scīscitārī	sich erkundigen (abs.); (jd) fragen
*sēmen, -minis (n.)	Samen; Stamm
*senectūs, -ūtis	(hohes) Alter
sincērus	aufrichtig, ehrlich
*spiritus, -ūs	Atem, Leben; Geist
*spondēre (*spopondī, spōnsum*)	geloben, versprechen
suf-ficere (*-iō*)	ausreichen, genügen; ergänzen
*super (1. Präp. m. Akk.)	über . . . hin, auf, an
(2. Präp. m. Abl.)	über (auch ~ *dē*)
*superstes, -stitis	überlebend
trīticum (*terere, trītum*)	Weizen („Dreschgetreide“)
*vallis, -is	Tal
*vās, vāsis; Pl. *vāsa, -ōrum*	Gefäß
vēlōx, vēlōcis	schnell, rasch
*vendere (*vendidī, venditum*)	verkaufen
*vēscī	sich nähren
*vestīre	(be)kleiden
victima	Opfertier, Opfer

Rembrandt: Joseph erzählt seinen Traum (Ölskizze, 1638)

2. DIE GESCHICHTE VON JOSEPH UND SEINEN BRÜDERN

2.1 Joseph erzählt seine Träume.

Erant filii Iacob duodecim: filii Liae: primogenitus Ruben et Simeon et Levi et Iudas et Issachar et Zabulon; filii Rachel: Ioseph et Beniamin; filii Bilhae, ancillae Rachelis: Dan et Nephtali; filii Zelphae, ancillae Liae: Gad et Aser. Habitavit autem Iacob in terra Chanaan, in qua peregrinatus est pater suus.

Ioseph, cum decem et septem esset annorum, pascebat gregem cum fratribus suis adhuc puer; et erat cum filiis Bilhae et Zelphae, uxorum patris sui; detulitque patri malam eorum famam. Israel autem diligebat Ioseph super omnes filios suos, eo quod in senectute genuisset eum; fecitque ei tunicam talarem. Videntes autem fratres eius, quod a patre plus cunctis filiis amaretur, oderant eum nec poterant ei quidquam pacifice loqui.

Accidit quoque, ut visum somnium referret fratribus suis; quae causa maioris odii seminarium fuit. Dixitque ad eos: „Audite somnium meum, quod vidi. Putabam ligare nos manipulos in agro et quasi consurgere manipulum meum et stare vestrosque manipulos circumstantes adorare manipulum meum." Responderunt fratres eius: „Numquid rex noster eris? Aut subiciemur dicioni tuae?" Haec ergo causa somniorum atque sermonum invidiae et odii fomitem ministravit.

Aliud quoque vidit somnium, quod narrans fratribus ait: „Vidi per somnium quasi solem et lunam et stellas undecim adorare me." Quod cum patri suo et fratribus rettulisset, increpavit eum pater suus et dixit: „Quid sibi vult hoc somnium, quod vidisti? Num ego et mater tua et fratres tui adorabimus te proni in terram?" Invidebant igitur ei fratres sui; pater vero rem tacitus considerabat.

---

5 **peregrinari** auf Reisen sein, sich als Fremder aufhalten — **suus** ~ *eius*

8 **deferre** ~ *nuntiare* — **mala fama** böses (verleumderisches) Gerede — **super** (+ Akk.): ~ *magis quam* — **tunica taláris** Prachtkleid (ein bis auf die Füße [*talus* Fußknöchel; meton. Ferse] hinabreichendes Gewand) — **plus** ~ *magis* — **ei** ~ *cum eo* — **pací-fice** (Adv.): friedfertig, in Frieden

13 **quoque** (spätlat.): ~ *et, autem* — **visum somnium:** im Dt. zusammengesetztes Subst. — **semin-arium** (*semen, -inis*): Keim, Anfang — **ad eos** ~ (klass.) *eis* — **manipulus** h. Garbe („Handvoll": *manus* + *plere*) — **con-súrgere** sich aufrichten — **fomes, -itis** (m.): „Reisig zum Feuermachen", Zunder

21 **aliud** ~ *alterum* — **narrans ait** ~ *narravit his verbis* — **increpare** tadeln, schelten — **sibi** (dat. eth.): verstärkt die Frage — **igitur** (spätlat.): 1. nun; und 2. aber — **vero** (spätlat.): ~ *autem* (Zu Kapitel 2.1 vgl. Begleittext 1)

2.2 Joseph wird von seinen Brüdern verkauft.

Cumque fratres illius in pascendis gregibus patris morarentur in Sichem, dixit Israel ad Ioseph: „Fratres tui pascunt oves in Sichimis; veni, mittam te ad eos." Quo respondente: „praesto sum", ait ei: „Vade et vide, si cuncta prospera sint erga fratres tuos et pecora, et renuntia mihi, quid agatur!" Missus de valle Hebron venit in Sichem; invenitque eum vir errantem in agro et interrogavit, quid quaereret. At ille respondit: „Fratres meos quaero; indica mihi, ubi pascant greges!" Dixitque ei vir: „Recesserunt de loco isto; audivi autem eos dicentes: ‚Eamus in Dothain!'." Perrexit ergo Ioseph post fratres suos et invenit eos in Dothain.

Qui cum vidissent eum procul, antequam accederet ad eos, cogitaverunt illum occidere. Et mutuo loquebantur: „Ecce somniator venit; venite, occidamus eum et mittamus in unam cisternarum dicemusque: ‚Fera pessima devoravit eum.' Et tunc apparebit, quid illi prosint somnia sua." Audiens autem hoc Ruben nitebatur liberare eum de manibus eorum et dixit: „Non interficiamus animam eius!" Et dixit ad eos: „Non effundatis sanguinem; sed proicite eum in cisternam hanc, quae est in solitudine, manusque vestras servate innoxias!" Hoc autem dicebat volens eripere eum de manibus eorum et reddere patri suo. Confestim igitur, ut pervenit ad fratres suos, nudaverunt eum tunica talari miseruntque eum in cisternam, quae non habebat aquam.

Et sederunt, ut comederent panem. Attollentes autem oculos viderunt Ismaelitas viatores venire de Galaad et camelos eorum portantes tragacanthum et másticem et ládanum in Aegyptum. Dixit ergo Iudas fratribus suis: „Quid nobis prodest, si occiderimus fratrem nostrum et celaverimus sanguinem ipsius? Melius est, ut vendatur

---

1 **cum-que:** *-que* als Satzpartikel (schon bei Cicero häufig) — **illius** ~ *eius* — **veni** (Imperativ): wohlan — **Quo respondente:** abl. abs. trotz folgendem *ei* — **praesto** (unveränderl.): zu Diensten, bereit — (*vide*) **si** ob — **erga** (+ Akk.): im Hinblick auf, bei — **re-cedere** h. ~ *de-cedere* — **pérgere** h. weitergehen — **post** (+ Akk.). h. räumlich

11 **procul** h. von weitem — **antequam:** + Konj. trotz rein temporaler Verwendung — **somniator:** zu *somnium* — **soli-tudo** (*solus*): h. Wüste — **con-festim** (*festinare*): sogleich — **nudare** entkleiden, ausziehen

23 **sederunt** ~ *con-sederunt* — **viator** Reisender — **camélus** (griech.; hebr. *gamal*): Kamel — **tragacánthum** (griech.): Tragant (ein Pflanzengummi) — **mástice, -es** (griech.): Mastix (ein wertvolles Harz) — **ládanum** (griech.; arab. *ladan*): Ladanum (ebenfalls ein wertvolles Harz) — **ipsius** ~*eius*

Joseph wird verkauft (Holzschnitt aus der Kölner Bibel von 1478/79)

Ismaelitis et manus nostrae non polluantur; frater enim et caro nostra est.“

Acquieverunt fratres sermonibus illius. Et extrahentes Ioseph de cisterna vendiderunt eum Ismaelitis viginti argenteis. Qui duxerunt eum in Aegyptum.

Tulerunt autem fratres tunicam eius et in sanguinem haedi, quem occiderant, tinxerunt mittentes, qui ferrent ad patrem et dicerent: „Hanc invenimus; vide, utrum tunica talaris filii tui sit an non!“ Quam cum agnovisset pater, ait: „Tunica filii mei est; fera pessima comedit eum, bestia devoravit Ioseph.“ Scissisque vestibus indutus est cilicio lugens filium suum multo tempore. Congregatis autem cunctis liberis eius, ut lenirent dolorem patris, noluit consolationem accipere et ait: „Descendam ad filium meum lugens in infernum.“ Et flevit super eo pater eius.

---

28 **pollúere** beschmutzen, beflecken

30 **acquiéscere** (nkl.): zustimmen — **argenteus** Silberdenar, „Silberling“

33 **ferre** h. (zur Hand) nehmen — **haedus** Böcklein — **tingere** (*tinxi, tinctum*): eintauchen (Tinte!) — **mittentes** ~ *cum* („indem“) *mittebant* (Leute, die . . .: Modus!) — **ferrent:** erg. *eam* (= *tunicam*) — **an non** ~ *nec-ne*

38 **cilicium** (griech.): ein härenes Gewand (als Trauerkleid); urspr. Decke aus Ziegenhaar, in Kilikien hergestellt — **multo tempore** („innerhalb von . . .“): ~ *multum tempus* — **infernus** (Vulgata): h. Totenreich — **super eo** ~ *de eo*

(Zu Kapitel 2.2 vgl. Begleittexte 2 und 3)

2.3 Joseph dient im Hause Putiphars.

Igitur Ioseph ductus est in Aegyptum; emitque eum Putiphar eunuchus pharaonis, princeps satellitum, vir Aegyptius, de manu Ismaelitarum, a quibus perductus erat. Fuitque Dominus cum eo, et erat vir in cunctis prospere agens habitabatque in domo domini sui. Qui optime noverat esse Dominum cum eo et omnia, quae gereret, ab eo dirigi in manu illius. Invenitque Ioseph gratiam coram domino suo et ministrabat ei. Et factum est, postquam praeposuit eum domui suae et omnia, quae possidebat, tradidit in manum eius, benedixit Dominus domui Aegyptii propter Ioseph, et benedictio Domini erat in omni possessione eius tam in aedibus quam in agris. Et reliquit omnia, quae possidebat, in manu Ioseph, nec cum eo quidquam aliud noverat nisi panem, quo vescebatur. Erat autem Ioseph pulchra facie et decorus aspectu.

Post haec ergo iniecit uxor domini eius oculos suos in Ioseph et ait: „Dormi mecum!“ Qui nequaquam acquiescens dixit ad eam: „Ecce dominus meus omnibus mihi traditis non curat de ulla re in domo sua, nec quisquam maior est in domo hac quam ego, et nihil mihi subtraxit praeter te, quae uxor eius es. Quomodo ergo possum malum hoc magnum facere et peccare in Deum?“ Huiuscemodi verbis per singulos dies et mulier molesta erat adulescenti et ille recusabat stuprum.

Accidit autem quadam die, ut intraret Ioseph domum et opus suum absque arbitris faceret; illa apprehensa lacinia vestimenti eius dixit: „Dormi mecum!“ Qui relicto in manu illius pallio fugit et egressus est foras. Cumque vidisset illum mulier vestem reliquisse in ma-

---

1 **eunuchus** (griech.): Eunuch; h. Hofbeamter — **Aegyptius:** Adj. zu *Aegyptus* — **per-dúcere** ans Ziel führen; h. herbringen — unterscheide: **Dominus** (= *deus*) // **dominus** (= *Putiphar*) — **prospere agens** erfolgreich („erfolgreich handelnd“) — **dirígere** (*regere*): ausrichten; lenken — **in manu illius** ~ *manu* (instrumental) *Domini* — **factum est** + Hauptsatz: ~ *factum est, ut* — **prae-ponere** (+ Dat.): an die Spitze stellen — **tam . . . quam** (abgeschwächt): ~ *et . . . et* — **relínquere alqd in manu alcs** ~ *alqd mandare alci* — **cum eo** ~ *cum Ioseph:* neben ihm, in seiner Gegenwart — **novisse alqd** h. sich um etw. kümmern — **aspectu:** wohl Abl. von *aspectus, -us* (das Supin auf *-u* ist in der Vulgata selten!)

15 **acquiéscere** ↗ 2, 30 — **subtráhere** entziehen, vorenthalten — **huius-ce-modi** ~ *eius modi* — **stuprum** Ehebruch

22 **quadam die:** *dies* (nkl./kirchlat. auch f.) Tag — **lacinia vestimenti** Zipfel des Kleides — **pallium** (griech.): Kleid, (Ober-)Gewand, Mantel

Joseph und Putiphars Frau (Englische Miniatur, um 1200)

nibus suis et fugisse foras, vocavit homines domus suae et ait ad eos: „En introduxit virum Hebraeum, ut illuderet nobis; ingressus est ad me, ut coiret mecum. Cumque ego succlamassem et audisset vocem meam, reliquit pallium, quod tenebam, et fugit foras.“ Retentum pallium ostendit marito revertenti domum et secundum verba haec locuta est: „Ingressus est ad me servus Hebraeus, quem adduxisti, ut illuderet mihi; cumque audisset me clamare, reliquit pallium, quod tenebam, et fugit foras.“

Dominus auditis his verbis coniugis iratus est valde; tradiditque Ioseph in carcerem, ubi vincti regis custodiebantur. Et erat ibi clausus.

---

27 **intro-duxit** (*Putiphar*) — **illúdere alci** mit jd seinen Spott treiben, sich an jd vergreifen — **co-ire cum alqo** ~ *dormire cum alqo* — **succlamare** (unkl.): h. laut (um Hilfe) schreien — **secundum** (+ Akk.): h. etwa

34 **iratus est:** h. Perf. zu *irascitur*

(Zu Kapitel 2.3 vgl. Begleittext 4 und Abb. S. 39)

2.4 Joseph legt die Träume seiner Mitgefangenen aus.

Fuit autem Dominus cum Ioseph et misertus illius dedit ei gratiam in conspectu principis carceris. Qui tradidit in manu Ioseph universos vinctos, qui in custodia tenebantur, et quidquid ibi faciendum erat, ipse faciebat, nec princeps carceris spectabat, quidquid in manu eius erat: Dominus enim erat cum illo et omnia opera eius dirigebat.

His ita gestis accidit, ut peccarent pincerna regis Aegypti et pistor domino suo. Iratusque pharao contra duos eunuchos, praepositum pincernarum et praepositum pistorum, misit eos in carcerem principis satellitum, in quo erat vinctus et Ioseph. Et princeps satellitum tradidit eos Ioseph, qui ministrabat eis. Aliquantulum temporis illi in custodia tenebantur.

Videruntque ambo somnium nocte una iuxta interpretationem congruam sibi. Ad quos cum introisset Ioseph mane et vidisset eos tristes, sciscitatus est eos dicens: „Cur tristior est hodie solito facies vestra?“ Qui responderunt: „Somnium vidimus, et non est, qui interpretetur nobis.“ Dixitque ad eos Ioseph: „Numquid non Dei est interpretatio? Referte mihi, quid videritis!“

Narravit praepositus pincernarum somnium suum: „Videbam coram me vitem, in qua erant tres propagines, crescere paulatim in gemmas et post flores uvas maturescere; calicemque pharaonis in manu mea. Tuli ergo uvas et expressi in calicem, quem tenebam, et tradidi poculum pharaoni.“ Respondit Ioseph: „Haec est interpretatio somnii: tres propagines tres adhuc dies sunt, post quos elevabit pharao caput tuum et restituet te in gradum pristinum; dabisque ei calicem iuxta officium tuum, sicut facere ante consueveras. Tantum memento mei, cum tibi bene fuerit, et facias mecum misericordiam, ut suggeras pharaoni, ut educat me de isto carcere; quia furto sublatus sum de terra Hebraeorum et hic innocens in lacum missus sum.“

---

1 **misertus** ~ *miseritus* (zu *misereri*) — **princeps carceris** Kerkermeister, Oberaufseher des Gefängnisses

7 **pincerna** (griech.): Mundschenk — **pistor** Bäcker — (*peccare*) **domino suo** (nkl.): ~ *in dominum suum* — **aliquantulum** einiges (an)

13 **congruam** (~ *congruentem* + Dat.): passend zu — **sibi:** auf das Subj. (~ *utrique*) bezogen — **solitus** (PPP): gewöhnlich, üblich

20 **vitis, -is** Weinrebe — **propago, -inis** Ableger (*propagare,* FW?) — **gemma** Edelstein; Knospe — **uva** Traube — **maturéscere** reif (*maturus, a, um*) werden — **iuxta** ~ *secundum* (+ Akk.) — **suggérere** h. anraten, eingeben — **furtum** Diebstahl, Raub — **lacus, -us** h. ~ *carcer*

Joseph im Gefängnis (Miniatur aus der Wiener Genesis, 6. Jh.)

Videns pistorum magister, quod somnium in bonum dissolvisset, ait: „Et ego vidi somnium, quod tria canistra farinae haberem super caput meum; et in uno canistro, quod erat excelsius, portare me ex omnibus cibis pharaonis, qui fiunt arte pistoria, avesque comedere eos.“ Respondit Ioseph: „Haec est interpretatio somnii: tria canistra tres adhuc dies sunt; post quos auferet pharao caput tuum ac suspendet te in patibulo, et comedent volucres carnes tuas.“

Exinde dies tertius natalicius pharaonis erat; qui faciens grande convivium pueris suis elevavit caput magistri pincernarum et caput pistorum principis in medio puerorum suorum; restituitque alterum in locum suum, ut porrigeret ei poculum, alterum suspendit in patibulo, sicut interpretatus erat eis Ioseph.

Attamen praepositus pincernarum non est recordatus Ioseph, sed oblitus est interpretis sui.

---

31 **magister** ~ *praepositus* — **in bonum** (unkl.): ~ *bene* — **dis-sólvere** auflösen — **vidi:** erst mit *quod* (+ Konj.), dann (Z. 33) mit AcI — **canistrum** (griech): Korb — **farína** h. Weißbrot (eigtl. Mehl) — **excelsius** weiter oben; ganz oben — **pistorius:** zu *pistor* — **suspéndere** aufhängen — **pati-bulum** (*patēre*): Galgen — **vólucres** ~ *aves*

38 **ex-inde** (nkl.): von da ab gerechnet (direkt zu *dies tertius*) — **natalicius** ~ *natalis (dies):* Geburtstag — **pueri** h. Diener — **ei:** im Finalsatz statt *sibi*

2.5 Joseph deutet die Träume des Pharao.

Post duos annos vidit pharao somnium. Putabat se stare super fluvium, de quo ascendebant septem boves pulchrae et crassae: et pascebantur in locis palustribus. Aliae quoque septem emergebant post illas de flumine foedae confectaeque macie et stabant in ipsa amnis ripa; devoraveruntque septem boves pulchras et crassas. Expergefactus pharao rursum dormivit et vidit alterum somnium. Septem spicae pullulabant in culmo uno plenae atque formosae. Aliae quoque totidem spicae tenues et percussae vento urente oriebantur devorantes omnem priorum pulchritudinem. Evigilavit pharao, et ecce erat somnium!

Et facto mane pavore perterritus misit ad omnes coniectores Aegypti cunctosque sapientes suos; et accersitis narravit somnium, nec erat, qui interpretaretur. Tunc demum reminiscens pincernarum magister ait: „Confiteor peccatum meum. Iratus rex servis suis me et magistrum pistorum retrudi iussit in carcerem principis satellitum, ubi una nocte uterque vidimus somnium praesagum futurorum. Erat ibi puer Hebraeus eiusdem ducis satellitum famulus; cui narrantes somnia audivimus, quidquid postea rei probavit eventus. Ego enim redditus sum officio meo, et ille suspensus est in patibulo.“

Protinus ad regis imperium eductum de carcere Ioseph totonderunt ac veste mutata obtulerunt ei. Cui ille ait: „Vidi somnia, nec est, qui edisserat; quae audivi te sapientissime conicere.“ Respondit Ioseph: „Absque me Deus respondebit prospera pharaoni.“

Narravit ergo pharao, quod viderat: „Putabam me stare super ripam fluminis et septem boves de amne conscendere pulchras nimis et

---

1 **super** h. ~ *ad* — **palustris, -e:** Adj. zu *palus, -udis* — **quoque** (nkl.): ↗ 1, 13 — **e-mérgere** — **macies, -ei** Magerkeit — **experge-facere** (*-io*): aufwecken — **spica** Ähre — **pullulare** keimen, wachsen — **culmus** Halm — **tótidem** ebensoviele — **per-cútere** (*-io*): h. austrocknen — **ventus urens** der (aus der Wüste wehende) Glutwind — **e-vigilare** aufwachen

11 **facto mane:** abl. abs. — **coniector** Traumdeuter, Wahrsager („Vermuter“) — **accersere** ~ *arcessere* — **magister** ↗ 4, 31 — **re-trúdere** (zurück)stoßen — **praeságus** (+ Gen.): weissagend — **futurorum** ~ *rerum futurarum* — **dux satéllitum** ~ *princeps satellitum* (4, 10) — **rei:** zu *eventus*

21 **ad** ~ *secundum* — **eductum:** zu *Ioseph* (Akk.) — **tondére** (*totondi, tonsum*): scheren — **obtulerunt ei** ~ *adduxerunt ad regem* — **e-dissérere** (genau) erörtern, auslegen — **con-ícere** (*-io*): h. deuten — **absque me Deus** ~ *Deus ipse (me non interpretante)*

26 **con-scendere** ~ *ascendere*

obesis carnibus, quae in pastu paludis virecta carpebant. Et ecce has sequebantur aliae septem boves in tantum deformes et macilentae, ut numquam tales in terra Aegypti viderim; quae devoratis et consumptis prioribus nullum saturitatis dedere vestigium; sed simili macie et squalore torpebant.

Evigilans rursus sopore depressus vidi somnium: Septem spicae pullulabant in culmo uno plenae atque pulcherrimae. Aliae quoque septem tenues et percussae vento urente oriebantur e stipula; quae priorum pulchritudinem devoraverunt. Narravi coniectoribus somnium, et nemo est, qui edisserat."

Respondit Ioseph: „Somnium regis unum est: quae facturus est, Deus ostendit pharaoni. Septem boves pulchrae et septem spicae plenae septem ubertatis anni sunt; eandemque vim somnii comprehendunt. Septem quoque boves tenues atque macilentae, quae ascenderunt post eas, et septem spicae tenues et vento urente percussae septem anni sunt venturae famis, qui hoc ordine complebuntur: ecce septem anni venient fertilitatis magnae in universa terra Aegypti; quos sequentur septem anni alii tantae sterilitatis, ut oblivioni tradatur cuncta retro abundantia. Consumptura est enim fames omnem terram, et ubertatis magnitudinem perditura est inopiae magnitudo. Quod autem vidisti secundo ad eandem rem pertinens somnium, firmitatis indicium est, eo quod fiat sermo Dei et velocius a Deo impleatur.

Nunc ergo provideat rex virum intellegentem et sapientem et praeficiat eum terrae Aegypti constituatque praepositos per cunctas regiones et quintam partem fructuum per septem annos fertilitatis, qui iam nunc futuri sunt, congreget in horrea; et omne frumentum sub pharaonis potestate condatur serveturque in urbibus; et paretur futurae septem annorum fami, quae pressura est Aegyptum, et non consumetur terra inopia."

---

27 **ob-ésus** fett, wohlgenährt („angefressen") — **pastus, -us** Weide — **virectum** grüner Platz; Pl. Gras — **cárpere** h. fressen — **in tantum (ut):** ~ *tam* — **de-formis, -e** ungestalt, häßlich — **macilentus** abgemagert (↗ *macies*) — **saturitas** Sättigung — **dedére** ~ *dederunt* — **squalor** Schmutz, Häßlichkeit — **torpére** starren

32 **sopor** Schlaf — **stipula** Halm

39 **ubertas** Fruchtbarkeit — **vis** h. Bedeutung — **venturus** (Kirchenlatein): ~ *futurus* — **fertilitas** Fruchtbarkeit — **sterilitas** Unfruchtbarkeit (FW?) — **oblivio:** zu *oblivisci* — **retro** zurück; h. attrib. „früher(e)" — **abundantia** Überfluß — **Quod:** h. faktisch — **secundo** ~ *bis* — **firm-itas** Stärke; h. Bestätigung — **eo, quod** dafür daß (nicht kausal!) — **sermo** h. Rede, Wort

53 **horreum** Speicher — **cóndere** h. verwahren, bergen — **parētur**: Modus!

Pharaos Träume (Holzschnitt aus der Lübecker Bibel von 1494)

2.6 Joseph wird Oberaufseher Ägyptens.

Placuit pharaoni consilium et cunctis ministris eius. Locutusque est ad eos: „Num invenire poterimus talem virum, qui spiritu Dei plenus sit?“ Dixit ergo ad Ioseph: „Quia ostendit tibi Deus omnia, quae locutus es, numquid sapientiorem et consimilem tui invenire potero? Tu eris super domum meam, et ad tui oris imperium cunctus populus meus oboediet; uno tantum regni solio te praecedam.“ Dixitque rursus pharao ad Ioseph: „Ecce, constitui te super universam terram Aegypti.“ Tulitque anulum de manu sua et dedit eum in manu eius; vestivitque eum stola byssina et collo torquem auream circumposuit. Fecitque eum ascendere super currum suum secundum, clamante praecone: „Abrech!“, ut omnes coram eo genu flecterent et praepositum esse scirent universae terrae Aegypti. Dixit quoque rex ad Ioseph: „Ego sum pharao; absque tuo imperio non movebit quisquam manum aut pedem in omni terra Aegypti.“

---

3 **plenus:** seltener mit Abl. (statt mit?) — **con-similis:** verstärktes *similis* — **esse super** + Akk. ~ *praepositum esse* + Dat. — **solium** Thron — **anulus** Ring — **stola** (griech.): Gewand — **býssinus** (griech. bzw. hebr. *bus*): aus feinem Leinen — **torques, -is** (gedrehte) Kette (*torquēre*) — **praeco, -onis** Ausrufer — **„Abrech“** Achtung! — **genu, -us** (n.): Knie — **scirent** *(eum)* . . .

Vertitque nomen eius et vocavit eum lingua Aegyptiaca Saphaneth Phanec (quod interpretatur Salvator mundi) deditque illi uxorem Aseneth, filiam Putiphare sacerdotis Heliopóleos.

Egressus est itaque Ioseph ad terram Aegypti — triginta autem annorum erat, quando stetit in conspectu regis pharaonis — et circuivit omnes regiones Aegypti.

Venitque fertilitas septem annorum, et segetes congregavit in horrea Aegypti condens in singulis urbibus frumentum camporum in circuitu. Tantaque fuit abundantia tritici, ut arenae maris coaequaretur et copia mensuram excederet.

Nati sunt autem Ioseph filii duo, antequam veniret fames, quos ei peperit Aseneth, filia Putiphare sacerdotis Heliopoleos. Vocavitque nomen primogeniti Manasses dicens: „Oblivisci me fecit Deus omnium laborum meorum et domus patris mei.“ Nomen quoque secundi appellavit Ephraim dicens: „Crescere me fecit Deus in terra paupertatis meae.“ Igitur transactis septem annis ubertatis, qui fuerant in Aegypto, coeperunt venire septem anni inopiae, quos praedixerat Ioseph, et in universo orbe fames praevaluit; in cuncta autem terra Aegypti erat panis. Qua esuriente clamavit populus ad pharaonem alimenta petens. Quibus ille respondit: „Ite ad Ioseph, et quidquid vobis dixerit, facite!“ Et invaluit fames in omni terra Aegypti; aperuitque Ioseph universa horrea et vendebat Aegyptiis; nam et illos oppresserat fames. Omnesque provinciae veniebant in Aegyptum, ut emerent escas apud Ioseph, quia inopia invaluerat in universa terra.

---

15 **Aegyptíacus** ~ *Aegyptius* (3, 2) — **interpretatur** h. „bedeutet übersetzt“ — **Putiphare:** Gen. (nicht identisch mit Josephs vormaligem Herrn!) — **Heliopoleos** (griech. Gen.): *Helio-polis* („Sonnenstadt“)

19 **quando** ~ *cum* (relativum) — **stetit** (von *sistere*) — **circu-ire** (+ Akk.): ~ *circum-ire*: umhergehen, besuchen; **-ivit** (vkl., nkl.): ~ *-iit* — **seges, -itis** Getreide (eigtl. Saat) — **circú-itus, -us** Umkreis, Umgebung; *in circuitu:* Präpositionalattribut zu *camporum* — **co-aequare** (+ Dat.): gleichmachen; Pass. gleichkommen — **copia:** Nom. — **mensura** (*metiri*): Maß; *mensuram ex-cedere* über das Maß hinausgehen, sich nicht messen lassen

25 **antequam:** ↗ 2, 11 — **fecit:** mit AcI statt üblichem AcP bzw. *ut*-Satz — **quoque** ~ *autem* (↗ 1, 13) — **pauper-tas** — **trans-igi** (zeitlich): vergehen („verbracht werden“) — **coeperunt venire** (umgangsspr.): ~ *venerunt* — **prae-valére** sehr stark sein, herrschen — **Qua** (*terra Aegypti*): erg. „aber auch“ — **esurire** (essen wollen: *ĕdere*): hungern — **ali-mentum** (*álere*): Nahrung(smittel) — **in-valéscere** (*in-valui*): stärker werden — **provinciae:** h. die (30) Gaue von Gesamtägypten; **Aegyptus:** oft nur Bezeichnung des besonders fruchtbaren „Unterägyptens“ (mit dem Sitz des Pharao)

2.7 Josephs Brüder reisen nach Ägypten.

Audiens autem Iacob, quod alimenta venderentur in Aegypto, dixit filiis suis: „Quare aspicitis vos invicem? Audivi, quod triticum venumdetur in Aegypto; descendite et emite nobis necessaria, ut possimus vivere et non consumamur inopia!“
Descenderunt igitur fratres Ioseph decem, ut emerent frumenta in Aegypto, Beniamin fratre Ioseph domi retento a Iacob, qui dixerat fratribus eius: „Ne forte in itinere quidquam patiatur mali!“
Et ingressi sunt filii Israel terram Aegypti cum aliis, qui pergebant ad emendum. Erat autem fames in terra Chanaan.
Et Ioseph erat princeps in terra Aegypti, atque ad eius nutum frumenta populis vendebantur. Cumque venissent et adorassent eum fratres sui proni in terram et cum ille agnovisset eos, quasi ad alienos durius loquebatur interrogans eos: „Unde venistis?“ Qui responderunt: „De terra Chanaan, ut emamus victui necessaria.“
Et tamen fratres ipse cognoscens non est cognitus ab eis. Recordatusque somniorum, quae aliquando viderat, ait ad eos: „Exploratores estis; ut videatis infirmiora terrae, venistis.“ Qui dixerunt: „Non est ita, domine; sed servi tui venerunt, ut emerent cibos. Omnes filii unius viri sumus; sinceri sumus, nec quidquam famuli tui machinantur mali.“ Quibus ille respondit: „Aliter est; immunita terrae huius considerare venistis.“ At illi: „Duodecim“ inquiunt „servi tui fratres sumus filii viri unius in terra Chanaan; minimus cum patre nostro est, alius non est super.“
„Hoc est“, ait „quod locutus sum: exploratores estis. Iam nunc experimentum vestri capiam: per salutem pharaonis, non egrediemini hinc, donec veniat frater vester minimus. Mittite ex vobis unum, et adducat eum! Vos autem eritis in vinculis, donec probentur, quae dixistis, utrum vera an falsa sint. Alioquin, per salutem

---

2 **ínvicem** einander — **venúm-dare** ~ *véndere* (Passiv: *vēn-ire*, aus *vēnum ire*); **venumdetur:** Präs., weil *audivi* ~ *novi/scio* — **necessaria, -orum** das Notwendige (h. zum Leben)

7 (*Hunc re-tineo*) **ne forte** — **pergere** ~ *ire*

10 **nutus, -us** (*nuere* nicken): Wink, Wille — **loquebatur:** Tempus!

16 **aliquando** h. ~ *olim* bzw. *quondam* — **ut videatis . . . venistis** (~ *adestis;* daher im Finalsatz Konj. Präs.) — **machinari** ersinnen, im Schilde führen (vgl. Maschine!) — **immunítus** unbefestigt — **venire:** + Inf. (Gräzismus) statt + *ut*-Satz — **non est super** ~ *non superest*

24 **Hoc est** h. das trifft zu — **experimentum alcs capere** jd auf die Probe stellen — **per** (*salutem*): bei (Versicherung) — **alióquin** ansonsten, andernfalls

pharaonis, exploratores estis.“ Tradidit ergo illos custodiae tribus diebus. Die autem tertio eductis de carcere ait: „Facite, quae dixi, et vivetis; Deum enim timeo. Si sinceri estis, frater vester unus ligetur in carcere; vos autem abite et ferte frumenta, quae emistis, in domos vestras, et fratrem vestrum minimum ad me adducite, ut possim vestros probare sermones et non moriamini!“ Fecerunt, ut dixerat, et locuti sunt ad invicem: „Merito haec patimur, quia peccavimus in fratrem nostrum videntes angustiam animae illius, cum deprecaretur nos, et non audivimus. Idcirco venit super nos ista tribulatio.“ Et Ruben ait: „Numquid non dixi vobis: ‚Nolite peccare in puerum!‘? Et non audistis me. En sanguis eius exquiritur.“ Nesciebant autem, quod intellegeret Ioseph, eo quod per interpretem loquebatur ad eos. Avertitque se parumper et flevit; et reversus locutus est ad eos. Tollensque Simeon et ligans illis praesentibus iussit ministris, ut implerent saccos tritico et reponerent pecunias singulorum in sacculis suis, datis supra cibariis in viam. Qui fecerunt ita. At illi portantes frumenta in asinis suis profecti sunt. Apertoque unus sacco, ut daret iumento pabulum in deversorio, contemplatus pecuniam in ore sacculi dixit fratribus suis: „Reddita est mihi pecunia: en habetur in sacco!“ Et obstupefacti turbatique mutuo dixerunt: „Quidnam est hoc, quod fecit nobis Deus?“

---

29 **tribus diebus** ↗ 2, 38 *multo tempore* — **Facite ... et vivetis** ~ *si feceritis, vivetis*

35 **ad invicem** (spätlat.): zueinander — **angustia** Angst, Not („Enge“) — **deprecari** um Gnade bitten — **idcirco** deshalb — **tribulatio** Bedrängnis, Heimsuchung — **exquírere** fordern, verlangen — **intellegeret** (*eos*): sie verstand — **parumper** ein wenig — **reversus** h. er wandte sich ihnen wieder zu und (sonst?) — **Simeon:** Akk.! — **illis** (~ *fratribus*) **praesentibus:** Kasus/Konstruktion? — **iubére:** unkl. mit Dat. und *ut* (analog zu *imperare*) — **supra** (Adv.): überdies, außerdem — **in viam:** finales *in* („für“)

46 **in asinis suis:** zum Kasus ↗ 1.4.2 — **deversorium** Herberge (*de-verti* sich vom Weg abwenden) — **in ore sacculi** ~ *in summo sacculo* — **haberi** sich befinden — **obstupe-facere** (*-io*): in Erstaunen setzen (*stupidus* staunend)

2.8 Josephs Brüder kehren zu Jakob zurück. Sie bereiten ihre zweite Reise nach Ägypten vor.

Veneruntque ad Iacob patrem suum in terram Chanaan; et narraverunt ei omnia, quae accidissent sibi, dicentes: „Locutus est nobis dominus terrae dure et putavit nos exploratores esse provinciae. Cui respondimus: ‚Sinceri sumus nec ullas molimur insidias; duodecim fratres uno patre geniti sumus, unus non est super, minimus cum patre nostro est in terra Chanaan.‘ Et dixit nobis vir, dominus terrae: ‚Sic probabo, quod sinceri sitis: fratrem vestrum unum dimittite apud me et cibaria domibus vestris necessaria sumite et abite; fratremque vestrum minimum adducite ad me, ut sciam, quod non sitis exploratores, et istum, qui tenetur in vinculis, recipere possitis ac deinceps peragrandi terram habeatis licentiam.‘“

His dictis cum frumenta effunderent, singuli reppererunt in ore saccorum ligatas pecunias; exterritisque simul omnibus dixit pater Iacob: „Absque liberis me esse fecistis: Ioseph non est super, Simeon tenetur in vinculis, et Beniamin auferetis. In me haec omnia mala reciderunt.“ Cui respondit Ruben: „Duos filios meos interfice, si non reduxero illum tibi! Trade illum in manu mea, et ego eum tibi restituam.“

At ille: „Non descendet“ inquit „filius meus vobiscum. Frater mortuus est, et ipse solus remansit; si quid ei adversi acciderit in via, deducetis canos meos cum dolore ad inferos.“

Interim fames omnem terram vehementer premebat; consumptisque cibis, quos ex Aegypto detulerant, dixit Iacob ad filios suos: „Revertimini et emite nobis pauxillum escarum!“ Respondit Iudas: „Denuntiavit nobis vir ille sub attestatione iuris iurandi dicens: ‚Non videbitis faciem meam, nisi fratrem vestrum minimum adduxeritis vobiscum.‘ Si ergo vis eum mittere nobiscum, pergemus pariter et ememus tibi necessaria; sin autem non vis, non ibimus. Vir enim, ut saepe diximus, denuntiavit nobis dicens: ‚Non videbitis faciem meam absque fratre vestro minimo.‘“

---

3 **provincia** h. ~ *terra* (*Aegyptia*) — **di-míttere** h. hierlassen (sonst?) — **deinceps** darauf — **per-agrare** durchwandern

16 **re-cídere** zurückfallen — **intérfice, si non** (~ *nisi*) **reduxero:** Fut. II nach Imperativ — **re-stitúere** h. ~ *re-ducere*

21 **canos** (*capillos*) **meos** ~ *me cum canis meis* bzw. *me senem*

24 **pauxillum** (Demin. zu *paulum*): ein bißchen — **de-nuntiare** ankündigen, drohen — **attestatio** Bekräftigung, Bezeugung (Grundwort?) — **pergere** ↗ 7, 8— **pariter** h. ebenso wie früher

Dixit eis Israel: „Cur in meam hoc fecistis miseriam, ut indicaretis ei et alium habere vos fratrem?“ At illi responderunt: „Interrogavit nos homo per ordinem nostram progeniem: si pater viveret, si haberemus fratrem; et nos respondimus ei consequenter iuxta id, quod fuerat sciscitatus. Numquid scire poteramus, quod dicturus esset: ‚Adducite fratrem vestrum vobiscum‘?“

Iudas quoque dixit patri suo Israel: „Mitte puerum mecum, ut proficiscamur et possimus vivere, ne moriamur nos et tu et parvuli nostri! Ego spondeo pro puero; de manu mea require illum! Nisi reduxero et reddidero eum tibi, ero peccati reus in te omni tempore. Si non intercessisset dilatio, iam vice altera venissemus.“

Igitur Israel pater eorum dixit ad eos: „Si sic necesse est, facite, quod vultis; sumite de optimis terrae fructibus in vasis vestris et deferte viro munera: modicum resinae et mellis et tragacanthum et ladanum, pistacias terebinthi et amygdalas! Pecuniam quoque duplicem ferte vobiscum et illam, quam invenistis in sacculis, reportate! Ne forte errore factum sit; sed et fratrem vestrum tollite et ite ad virum! Deus autem meus omnipotens faciat vobis eum placabilem et remittat vobiscum fratrem vestrum, quem tenet, et hunc Beniamin! Ego autem quasi orbatus absque liberis ero.“

---

31 **in . . . miseriam:** konsekutives *in* („zu“) — **et alium** h. noch einen anderen — **si** ↗ 2, 4 — **consequenter** (Adv.): folgerichtig — **iuxta** ↗ 4, 26 — **fuerat sciscitatus** (sog. verschobenes Plqpf.): ~ *sciscitatus erat*

39 **re-quírere** zurückfordern — **reus** der Angeklagte; h. Adj.: schuldig — **inter-cédere** dazwischentreten; h. eintreten — **dilatio** (*differre*): Aufschub — **vice altera** zum zweitenmal

44 **modicum** (+ gen. part.): etwas, ein wenig — **resína** (griech.): Harz (vgl. Retsina!) — **tragacanthum, ládanum** ↗ 2, 25 — **pistaciae terebinthi** Pistazien des Terebinthenbaumes — **amýgdala** (griech.): Mandel — **Ne forte:** elliptisch (*periculum est . . .*); „vielleicht“ — **tóllere** (mit)nehmen — **placabilis, -e** versöhnlich (*placare*), mild — **re-míttere** (h. wörtlich) — **orbatus** verlassen, kinderlos (~ *absque liberis*)

2.9 Joseph empfängt seine Brüder mit einem Gastmahl, gibt sich aber nicht zu erkennen.

Tulerunt ergo viri munera et pecuniam duplicem et Beniamin descenderuntque in Aegyptum; et steterunt coram Ioseph. Quos cum ille vidisset et Beniamin simul, praecepit dispensatori domus suae dicens: „Introduc viros domum et occide victimas et instrue convivium, quoniam mecum sunt comesturi meridie!“ Fecit ille, quod sibi fuerat imperatum, et introduxit viros in domum Ioseph.
Ibique exterriti dixerunt mutuo: „Propter pecuniam, quam rettulimus prius in saccis nostris, introducti sumus, ut irruant in nos et violenter subiciant servituti et nos et asinos nostros.“ Quam ob rem in ipsis foribus accedentes ad dispensatorem domus locuti sunt: „Oramus, domine, ut audias nos. Iam ante descendimus, ut emeremus escas; quibus emptis cum venissemus ad deversorium, aperuimus saccos nostros et invenimus pecuniam in ore saccorum; quam nunc eodem pondere reportavimus. Sed et aliud attulimus argentum, ut emamus, quae nobis necessaria sunt. Non est in nostra conscientia, quis posuerit argentum in marsupiis nostris.“
At ille respondit: „Pax vobiscum, nolite timere! Deus vester et Deus patris vestri dedit vobis thesauros in saccis vestris; nam pecuniam, quam dedistis mihi, probatam ego habeo.“ Eduxitque ad eos Simeon. Et introductis domum attulit aquam, et laverunt pedes suos; deditque pabulum asinis eorum. Illi vero parabant munera, donec ingrederetur Ioseph meridie; audierant enim, quod ibi comesturi essent panem. Igitur ingressus est Ioseph domum suam, obtuleruntque ei munera tenentes in manibus suis; et adoraverunt proni in terram. At ille clementer resalutatis eis interrogavit eos dicens: „Salvusne est pater vester senex, de quo dixeratis mihi? Adhuc vivit?“ Qui responderunt: „Sospes est servus tuus pater noster, adhuc vivit.“ Et incurvati adoraverunt eum.

---

2 **steterunt** ↗ 6, 19 — **coram** h. ~ *ante* — **et Beniamin simul** ~ (klass.) *itemque Beniamin(um)* — **in-strúere (convivium):** ~ *praeparare* — **sibi:** statt *ei*

8 **ir-rúere in alqm** sich auf jd stürzen — **violenter** (Adv.): gewaltsam — **fores, -ium** Tür, Eingang — **(quam) . . . eodem pondere:** abl. qual. (auf das Objekt bezogen) — **attulimus:** präsentisch („haben wir dabei“), daher *ut emamus* (↗ 7, 17) — **con-scientia** Mitwissen, Bewußtsein — **marsupium** (griech.): Geldbeutel

19 **probatam** (präd.) **habeo** ~ *diligenter probavi* — **donec** + Konj.: rein temporal (nkl.) — **re-salutatis eis . . . eos:** zur Konstruktion ↗ 2, 3 — **sospes, -itis** wohlauf, gesund — **in-curvatus** gebückt („Kurve“)

Joseph empfängt unerkannt seine Brüder und weint
(Miniatur aus der Wiener Genesis, 6. Jh.)

Attollens autem Ioseph oculos vidit Beniamin fratrem suum uterinum et ait: „Iste est frater vester parvulus, de quo dixeratis mihi?" Et rursum: „Deus" inquit „misereatur tui, fili mi!" Festinavitque, quia commota fuerant viscera eius super fratre suo, et erumpebant lacrimae; et introiens cubiculum flevit.

Rursumque lota facie egressus continuit se et ait: „Ponite panes!" Quibus appositis seorsum Ioseph et seorsum fratribus, Aegyptiis quoque, qui vescebantur simul, seorsum — illicitum est enim Aegyptiis comedere cum Hebraeis, et profanum putant huiuscemodi convivium — sederunt coram eo, primogenitus iuxta primogenita sua et minimus iuxta aetatem suam. Et mirabantur nimis sumptis partibus, quas ab eo acceperant; maiorque pars venit Beniamin, ita ut quinque partibus excederet. Biberuntque et inebriati sunt cum eo.

---

29 **frater uterínus** leiblicher Bruder (von derselben Mutter) — **festinare** h. in Verwirrung geraten („in innerer Eile") — **viscera, -um** Eingeweide, Herz — **erumpebant:** Beachte das Tempus! — **cubi-culum** Schlafzimmer (Grundwort?)

34 **se continere** sich beherrschen — **ait** (*servis*) — **pónere** (prägnant): auftragen (auf den Tisch legen) — **seorsum** (Adv.): getrennt — **illicitum est** ~ *non licuit* — **huius-ce-modi** ↗ 3, 19 — **sederunt** ↗ 2, 23 — **primo-génita** (n. Pl.): h. das Erstgeburtsrecht — **venire** h. zukommen, zufallen — **quinque partibus** um das Fünffache (wörtlich?) — **ex-cedere** ↗ 6, 24 — **in-ebriare** trunken (*ebrius*) machen, berauschen

2.10 Joseph verdächtigt die Brüder des Diebstahls.

Praecepit autem Ioseph dispensatori domus suae dicens: „Imple saccos eorum frumento, quantum possunt capere, et pone pecuniam singulorum in summitate sacci! Scyphum autem meum argenteum et pretium, quod dedit tritici, pone in ore sacci iunioris!“ Factumque est ita. Et orto mane dimissi sunt cum asinis suis. Iamque urbem exierant et processerant paululum, tunc Ioseph arcessito dispensatore domus: „Surge“ inquit „et persequere viros; et apprehensis dicito: ‚Quare reddidistis malum pro bono? Cur furati estis mihi scyphum argenteum? Nonne ipse est, in quo bibit dominus meus et in quo augurari solet? Pessimam rem fecistis.‘“

Fecit ille, ut iusserat, et apprehensis per ordinem locutus est. Qui responderunt: „Quare sic loquitur dominus noster? Absit a servis tuis, ut tantum flagitii commiserimus. Pecuniam, quam invenimus in summitate saccorum, reportavimus ad te de terra Chanaan; et quomodo consequens est, ut furati simus de domo domini tui aurum vel argentum? Apud quemcumque fuerit inventum servorum tuorum, quod quaeris, moriatur; et nos erimus servi domini nostri.“

Qui dixit eis: „Fiat iuxta vestram sententiam: apud quemcumque fuerit inventum, ipse sit servus meus; vos autem eritis innoxii.“ Itaque festinato deponentes in terram saccos aperuerunt singuli. Quos scrutatus incipiens a maiore usque ad minimum invenit scyphum in sacco Beniamin.

At illi scissis vestibus oneratisque rursum asinis reversi sunt in oppidum. Et Iudas cum fratribus ingressus est ad Ioseph — necdum enim de loco abierat — omnesque ante eum pariter in terram corruerunt. Quibus ille ait: „Cur sic agere voluistis? An ignoratis, quod non sit similis mei in augurandi scientia?“ Cui Iudas: „Quid

---

3 **in summitate sacci** ∼ *in summo sacco* (vgl. 7, 48 *in ore sacculi*) — **scyphus** (griech.): Becher — **tritici** im Wert des Weizens, für den W. (freier Gebrauch des gen. pretii) — **iunioris** ∼ *Beniamin(i)* — **orto mane** ↗ 5, 11 — **(urbem) exire:** nkl. trans. (∼ *relinquere*) — **paululum**: Demin. zu *paulum* — **accersito** ↗ 5, 12 — **ap-prehendere** ∼ *com-prehendere* — **furari** stehlen (*furtum* ↗ 4, 29) — **augurari** wahrsagen, weissagen (Augur!)

11 **per ordinem** h. auftragsgemäß — **quomodo consequens est, ut** wie(so) ist es folgerecht, daß > wieso sollten . . .

21 **festinato** (Adv.): eilends — **scrutari** durchsuchen, durchwühlen — **incipiens** i. Dt. „angefangen“

24 **reversi sunt:** vkl. und nkl. häufig statt *reverterunt* — **cor-ruere** ∼ *ruere* — **sit** (Vollverb) **similis** (Nom.) **mei in** (bezeichnet den Bereich)

Abfüllen des Getreides (Elfenbeinrelief vom Maximiniansthron in Ravenna, 6. Jh.)

respondebimus“ inquit „domino meo? Vel quid loquemur aut iuste poterimus obtendere? Deus invenit iniquitatem servorum tuorum; en omnes servi sumus domini mei, et nos et apud quem inventus est scyphus.“ Respondit Ioseph: „Absit a me, ut sic agam! Qui furatus est scyphum, ipse sit servus meus; vos autem abite liberi ad patrem vestrum!“

Accedens autem propius Iudas confidenter ait: „Oro, domine mi, loquatur servus tuus verbum in auribus tuis, et ne irascaris famulo tuo; tu es enim sicut pharao! Dominus meus interrogavit prius servos suos: ‚Habetis patrem aut fratrem?‘ Et nos respondimus domino meo: ‚Est nobis pater senex et puer parvulus, qui in senectute illius natus est, cuius uterinus frater mortuus est; et ipse solus superest a matre sua, pater vero ténere diligit eum.‘ Dixistique servis tuis: ‚Adducite eum ad me, et ponam oculos meos super illum.‘

---

30 **ob-tendere** entgegenhalten; vorbringen — **in-iquitas:** Subst. zu *in-iquus*

35 **confidenter** (Adv.): zuversichtlich, mutig — **Oro . . . loquatur:** Parataxe (ohne *ut*); *loquatur servus tuus* ~ (*ut*) *liceat servo tuo loqui* — **in auribus tuis** ~ *coram te*

Suggessimus domino meo: ‚Non potest puer relinquere patrem suum; si enim illum dimiserit, morietur.‘ Et dixisti servis tuis: ‚Nisi venerit frater vester minimus vobiscum, non videbitis amplius faciem meam.‘

Cum ergo ascendissemus ad famulum tuum patrem nostrum, narravimus ei omnia, quae locutus est dominus meus, et dixit pater noster: ‚Revertimini et emite nobis parum tritici!‘ Cui diximus: ‚Ire non possumus. Si frater noster minimus descenderit nobiscum, proficiscemur simul; alioquin illo absente non poterimus videre faciem viri.‘ Ad quae servus tuus pater meus respondit: ‚Vos scitis, quod duos genuerit mihi uxor mea. Egressus est unus a me, et dixistis: Bestia devoravit eum! Et hucusque non compáret. Si tuleritis et istum a facie mea et aliquid ei in via contigerit, deducetis canos meos cum maerore ad inferos.‘

Igitur, si intravero ad servum tuum patrem meum et puer defuerit — cum anima illius ex huius anima pendeat — videritque eum non esse nobiscum, morietur; et deducent famuli tui canos eius cum dolore ad inferos. Servus tuus pro puero patri meo spopondit: ‚Nisi reduxero eum, peccati reus ero in patrem meum omni tempore.‘ Manebo itaque servus tuus pro puero in ministerio domini mei, et puer ascendat cum fratribus suis. Non enim possum redire ad patrem meum absente puero, ne calamitatis, quae oppressura est patrem meum, testis assistam.“

---

43 **sug-gérere** h. ~ *respondére* — **di-míttere** h. ~ *relínquere* — **non amplius** ~ *non iam*

49 **parum** h. ~ *paulum* — **simul** ~ *ipsi quoque* (↗ 9, 3) — **alioquin** ↗ 7, 28 — **huc-usque** bis heute — **com-parére** sich zeigen, vorhanden/da sein — **ferre a** wegnehmen von — **contigerit** ~ *acciderit*

65 **as-sistere** („sich hinstellen“): h. ~ *fieri*

Rembrandt: Putiphars Frau klagt Joseph an (Gemälde, 1655)

2.11 Joseph gibt sich zu erkennen.

Non se poterat ultra cohibere Ioseph omnibus coram astantibus, unde clamavit: „Egredimini cuncti foras!“ Et nemo aderat cum eo, quando manifestavit se fratribus suis. Elevavitque vocem cum fletu, quam audierunt Aegyptii omnisque domus pharaonis. Et dixit Ioseph fratribus suis: „Ego sum Ioseph! Adhuc pater meus vivit?“ Nec poterant respondere fratres nimio terrore perterriti. Ad quos ille clementer: „Accedite“ inquit „ad me!“ Et cum accessissent prope: „Ego sum“ ait „Ioseph, frater vester, quem vendidistis in Aegyptum. Nolite contristari, neque vobis durum esse videatur, quod vendidistis me in his regionibus! Pro salute enim vestra misit me Deus ante vos in Aegyptum. Biennium est enim, quod coepit fames esse in terra, et adhuc quinque anni restant, quibus nec arari poterit nec meti. Praemisitque me Deus, ut reservemini super terram et servetur vita vestra in salvationem magnam. Non vestro consilio, sed Dei voluntate huc missus sum, qui fecit me quasi patrem pharaonis et dominum universae domus eius ac principem in omni terra Aegypti.

Festinate et ascendite ad patrem meum et dicetis ei: ‚Haec mandat filius tuus Ioseph: Deus fecit me dominum universae terrae Aegypti; descende ad me, ne moréris! Et habitabis in terra Gessen; erisque iuxta me, tu et filii tui et filii filiorum tuorum, oves tuae et armenta tua et universa, quae possides. Ibique te pascam — adhuc enim quinque anni residui sunt famis —, ne et tu pereas et domus tua et omnia, quae possides.‘ En oculi vestri et oculi fratris mei Beniamin vident, quia os meum est, quod loquitur ad vos. Nuntiate patri meo universam gloriam meam in Aegypto et cuncta, quae vidistis! Festinate et adducite eum ad me!“

Cumque amplexatus recidisset in collum Beniamin fratris sui, flevit illo quoque similiter flente super collum eius. Osculatusque est

---

1 **se cohibére** ~ *se continere* (↗ 9, 34) — **a-stare** (*ad-stare*): dabeistehen — **unde** h. weshalb — **clamavit** (*servis suis*) — **quando** ↗ 6, 19 — **mani-festare** handgreiflich (manifest) machen; sich (*se*) zu erkennen geben — **fletus, -us:** Subst. zu *flere* — **audire** (*alqm*): h. hören auf

9 **con-tristari** traurig sein — **in his regionibus** ~ *in has regiones* — **Pro (salute)**: bezeichnet h. die Folge („zu“ = klass. *cum* + Abl.) — **quod** ~ *cum* (relat.) — **métere** ernten — **re-servare** aufbewahren, (am Leben) erhalten — **salvatio** Rettung; *in salvationem:* finales *in* („zu“)

23 **re-siduus** übrig („sitzen bleibend“)

28 **amplexari** (liebevoll) umarmen (Grundwort?) — **osculari** (*os, oris*): küssen

Ioseph omnes fratres suos et ploravit super singulos. Post quae ausi sunt loqui ad eum.
Auditumque est et celebri sermone vulgatum in aula regis: „Venerunt fratres Ioseph!“ Et gavisus est pharao atque omnis familia eius. Dixitque ad Ioseph, ut imperaret fratribus suis dicens: „Onerantes iumenta ite in terram Chanaan et tollite inde patrem vestrum et cognationem et venite ad me; et ego dabo vobis omnia bona Aegypti, ut comedatis medullam terrae. Praecipe etiam: tollite plaustra de terra Aegypti ad subvectionem parvulorum vestrorum ac coniugum et tollite patrem vestrum et properate quantocius venientes! Nec doleatis super supellectilem vestram, quia omnes opes Aegypti vestrae erunt.“
Feceruntque filii Israel, ut eis mandatum fuerat. Quibus dedit Ioseph plaustra secundum pharaonis imperium et cibaria in itinere. Singulis quoque proferri iussit vestimentum mutatorium; Beniamin vero dedit trecentos argenteos cum quinque vestimentis mutatoriis. Patri suo misit similiter asinos decem, qui subveherent ex omnibus divitiis Aegypti, et totidem asinas triticum et panem et cibum pro itinere portantes. Dimisit ergo fratres suos et proficiscentibus ait: „Ne irascamini in via!“

---

30 **plorare** weinen — **super singulos** ~ *super colla singulorum*

32 **auditum est:** erg. *hoc* (der Vorfall etc.) — **célebri sermone** in vielfacher Rede — **vulgare** verbreiten (Grundwort?) — **dixit . . . ut:** Sinn des *ut*? — **onerantes iumenta ite** ~ *iumentis oneratis ite* (im Dt. Beiordnung) — **tollere** ↗ 8, 47 — **cognatio** Verwandtschaft, Sippe — **medulla** Mark; das Beste — **praecipe etiam:** d. h. sag (ihnen) auch (in meinem Auftrag) — **plaustrum** Lastwagen — **sub-vectio** (zu *sub-vehere*): Beförderung — **properate quant-ocius venientes** ~ *venite quam celerrime* (*properantes*) — **dolére super** (+ Akk.): sich betrüben (über den Verlust an) — **supellex, -léctilis** (f.): Hausrat

43 **in itinere** ~ *in iter* (finales *in*) — **pro-ferre** (*pro*: aus seinen Vorräten hervor): ~ *ferre* — **vestimentum mutatorium** „Wechselkleid“, Festtagsgewand — **argenteus** ↗ 2, 31 — **irasci** in Zorn geraten (Warum trägt Joseph den Brüdern dies auf?) (Zu Kapitel 2.11 vgl. Begleittext 5)

2.12 Joseph vergibt seinen Brüdern. Seine letzten Lebensjahre und sein Tod

Qui ascendentes ex Aegypto venerunt in terram Chanaan ad patrem suum Iacob et nuntiaverunt ei dicentes: „Ioseph vivit et ipse dominatur in omni terra Aegypti!“ At cor eius frigidum mansit; non enim credebat eis. Tunc referebant omnia verba Ioseph, quae dixerat eis. Cumque vidisset plaustra et universa, quae miserat ad adducendum eum, revixit spiritus eius, et ait: „Sufficit mihi, si adhuc Ioseph filius meus vivit. Vadam et videbo illum, antequam moriar.“

Profectusque Israel cum omnibus, quae habebat, veneruntque in Aegyptum Iacob et omne semen eius, filii eius et nepotes, filiae et cuncta simul progenies. Cunctae animae, quae ingressae sunt cum Iacob in Aegyptum et egressae de femore illius, absque uxoribus filiorum eius, sexaginta sex.

Misit autem Iudam ante se ad Ioseph, ut nuntiaret et occurreret in Gessen. Et venerunt in terram Gessen. Iunctoque Ioseph curru suo ascendit obviam patri suo in Gessen; vidensque eum irruit super collum eius et inter amplexus diu flevit. Dixitque Israel ad Ioseph: „Iam laetus moriar, quia vidi faciem tuam et superstitem te relinquo.“

Et ille locutus est ad fratres suos et ad omnem domum patris sui: „Ascendam et nuntiabo pharaoni dicamque ei: ‚Fratres mei et domus patris mei, qui erant in terra Chanaan, venerunt ad me. Et sunt viri pastores ovium curamque habent alendorum gregum; pecora sua et armenta et omnia, quae habere potuerunt, adduxerunt secum.‘ Cumque vocaverit vos et dixerit: ‚Quod est opus vestrum?‘, respondebitis: ‚Viri pastores sumus servi tui ab infantia nostra usque in praesens, et nos et patres nostri.‘ Haec autem dicetis, ut habitare possitis in terra Gessen, quia detestantur Aegyptii omnes pastores ovium.“

---

6 **re-vivíscere** (*vivere*): wieder (auf)leben

11 **animae** h. Nachkommen — **femur, -oris** (n.): Schenkel, Lende (nach alter Vorstellung Ausgangsort der Nachkommenschaft)

14 **Misit** (*Iacob*) — **occurreret** (*Ioseph sibi*) — **iungere** (*currum*): anspannen — **Ioseph:** Nom. (h. eingeschoben ↗ 7, 47 *unus*) — **ir-ruere** (↗ 9, 8) **super collum** (*alcs*) ~ 11, 28 *recidere in collum* ... — **amplexus, -us** Umarmung (↗ 11, 28 *amplexari*)

23 **viri pastores:** feierlichere Formulierung für *pastores* — **infantia** Kindheit (Grundwort?) — **de-testari** (*testis*): verabscheuen

Ingressus ergo Ioseph nuntiavit pharaoni dicens: „Pater meus et fratres, oves eorum et armenta et cuncta, quae possident, venerunt de terra Chanaan; et ecce consistunt in terra Gessen.“ Ex omnibus fratribus suis quinque viros statuit coram rege, quos ille interrogavit: „Quid habetis operis?“ Responderunt: „Pastores ovium sumus servi tui, et nos et patres nostri.“ Dixeruntque ad pharaonem: „Ad peregrinandum in terra venimus, quoniam non est herba gregibus servorum tuorum ingravescente fame in terra Chanaan; petimusque, ut esse nos iubeas servos tuos in terra Gessen.“

Dixitque itaque rex ad Ioseph: „Pater tuus et fratres tui venerunt ad te. Terra Aegypti in conspectu tuo est; in optimo loco fac eos habitare et trade eis terram Gessen! Quod si nosti in eis esse viros industrios, constitue illos magistros pecorum meorum!“

Post haec introduxit Ioseph patrem suum ad regem et statuit eum coram eo, qui benedicens illi et interrogatus ab eo: „Quot sunt dies annorum vitae tuae?“ respondit: „Dies peregrinationis meae centum triginta annorum sunt, parvi et mali; et non pervenerunt usque ad dies patrum meorum, quibus peregrinati sunt.“ Et benedicto rege egressus est foras.

Ioseph vero patri et fratribus suis dedit possessionem in Aegypto in optimo terrae loco, in terra Ramesses, ut praeceperat pharao; et alebat eos omnemque domum patris sui praebens cibaria singulis. Habitavit ergo Israel in Aegypto, id est in terra Gessen, et possedit eam; auctusque est et multiplicatus nimis. Et vixit Iacob in terra Aegypti decem et septem annis; factique sunt omnes dies vitae illius centum quadraginta septem annorum.

Cumque appropinquare cerneret diem mortis suae, vocavit filium suum Ioseph et dixit ad eum: „Si inveni gratiam in conspectu tuo, pone manum tuam sub femore meo et facies mihi misericordiam et veritatem, ut non sepelias me in Aegypto! Sed dormiam cum

---

36 **peregrinari** ↗ 1, 5 — **herba** h. Futter, Weide — **in-gravéscere** (*gravis*): sich verschlimmern, zunehmen

40 **fac** + AcI: ↗ 6, 27 — **nosti** ~ *novisti* — **industrius** fleißig, tüchtig — **magister** h. Aufseher

44 **qui:** Verbum ist *respondit* — **peregrinatio** (Lebens-)Reise, Pilgerschaft — **pervenerunt ad** h. sie reichen heran an (Präs.!) — **benedicto rege:** persönliche Passivbildung, weil *benedicere* auch trans. ist (anders Z. 44)

50 **Ramesses**: Gen. zu *Ramesse* (im östlichen Nildelta) — **multi-plicare** ↗ FW — **nimis** (abgeschwächt): ~ *valde* — **fieri** (+ Gen.): sich belaufen auf

58 **facies:** imperativisch — **dormiam** laß mich . . . (Gegenstück zum Hortativ im Pl.)

Das Wiedersehen von Jakob und Joseph (Elfenbeinrelief vom Maximiniansthron in Ravenna, 6. Jh.)

patribus meis, et auferas me de terra hac condasque in sepulcro maiorum meorum." Cui respondit Ioseph: „Ego faciam, quod iussisti." Et ille: „Iura ergo" inquit „mihi!" Quo iurante adoravit Israel conversus ad lectuli caput.

Vocavit autem Iacob filios suos benedixitque eos singulis benedictionibus propriis. Et praecepit eis dicens: „Ego congregor ad populum meum; sepelite me cum patribus meis in spelunca Machpala, quam emit Abraham in possessionem sepulcri!" Finitisque mandatis, quibus filios instruebat, collegit pedes suos super lectulum et obiit; appositusque est ad populum suum.

---

60 **auferas** ~ *aufer* — **lectulus:** Demin. zu *lectus* — **caput** h. Kopfende
65 **congregari ad** sich versammeln zu, gehen zu — **spelunca** Höhle — **in** (*possessionem*): „zu" (↗ 11, 14) — **colligere super** h. zurückziehen auf — **ap-ponere:** bei Toten „beisetzen"

Fecerunt ergo filii Iacob, sicut praeceperat eis; et portantes eum in terram Chanaan sepelierunt eum in spelunca Machpala, quam emerat Abraham cum agro in possessionem sepulcri. Reversusque est Ioseph in Aegyptum cum fratribus suis et omni comitatu sepulto patre.

Quo mortuo timentes fratres eius et mutuo colloquentes: „Ne forte memor sit iniuriae, quam passus est, et reddat nobis omne malum, quod fecimus“, mandaverunt ei dicentes: „Pater tuus praecepit nobis, antequam moreretur, ut haec tibi verbis illius diceremus: ‚Obsecro, ut obliviscaris sceleris fratrum tuorum et peccati atque malitiae, quam exercuerunt in te.‘ Nos quoque oramus, ut servis Dei patris tui dimittas iniquitatem hanc.“ Quibus auditis flevit Ioseph. Veneruntque ad eum fratres sui et proni coram eo dixerunt. „Servi tui sumus.“ Quibus ille respondit: „Nolite timere! Num Dei possumus resistere voluntati? Vos cogitastis de me malum; sed Deus vertit illud in bonum, ut exaltaret me, sicut in praesentiarum cernitis, et salvos faceret multos populos. Nolite timere: ego pascam vos et parvulos vestros.“ Consolatusque est eos et blande ac leniter est locutus.

Et habitavit in Aegypto cum omni domo patris sui; mortuus est expletis centum decem vitae suae annis. Et condítus aromatibus repositus est in loculo in Aegypto.

---

72 **reversus est** ↗ 10, 24 — **comitatus, -us** Begleitung, Gefolge (Grundwort?)
75 **Ne forte . . .!** Daß nur nicht etwa (h. ~ Optativ) — **mandare** eine Weisung (h. des Vaters) bestellen — **antequam** + Konj.: ↗ 2, 11 — **illius**: bezogen auf *pater*; klassisch hieße es? — **mal-itia** Bosheit — **ex-ercére** h. aus-, verüben — **di-mittere** h. erlassen — **iniquitas** ↗ 10, 30 — **ex-altare** erhöhen — **in praesentiarum** (volkssprachl.): ~ *in praesentia rerum*: (für) jetzt
90 **condítus aromatibus** einbalsamiert (↗ *condire* würzen; Konditor) — **repositus** ~ *ap-positus* — **loculus** Sarg (Zu Kapitel 2.12 vgl. Begleittext 6)

3. Begleittexte

3.1 Andrew Lloyd Webber: Joseph and the Amazing Technicolor Dreamcoat

Musical (1967)

Josephs Träume

Joseph's coat annoyed his brothers, / but what makes us mad
are the things that Joseph tells us / of the dreams he's often had.

I dreamed that in the fields one day / at corncollecting time,
your eleven *sheaves* of corn / all turned and bowed to mine.
My sheaf was quite a sight to see, / a golden sheaf and tall.
Yours were green and *secondrate /* and really rather small.

This is not the kind of thing / we brothers like to hear,
it seems to us that Joseph and / his dreams should disappear.

I dreamed I saw eleven stars, / the sun and moon and sky,
bowing down before my star, / it made me wonder why.
Could it be that I was born / for higher things than you?
A *post* in someone's government, / a ministry or two?

The dreams of our dear brother are / the decade's biggest *yawn.*
His talk of stars and golden sheaves / is just a *load* of corn.
Not only is he tactless, but / he's also rather *dim,*
for there's eleven of us and / there's only one of him.
The dreams of course will not come true, / that is we think they won't come true,
that is we hope they won't come true. / What if he's right all along?
The dreams are more than *crystal* clear, / the writing on the wall
means that Joseph some day soon / will rise above us all!
The *accuracy* of the dreams / we brothers do not know
but one thing we are sure about, / the dreamer has to go!

sheaf Bündel, Garbe – *secondrate* zweitrangig – *post* Posten, Rang – *the yawn* das Gähnen – *a load* eine Ladung – *dim* halbdunkel, düster; schwach – *crystal* Kristall – *accuracy* Richtigkeit, genaue Bedeutung

3.2 Michl Ehbauer: Baierische Weltgschicht

Aus dem 18. Gesang: Der verschacherte Josef oder
Wia die Brüader mit'm Sepp umganga san

Wia s'wieder warn amal beim Hüaten;
Da schickt der Jakob hochbetagt
An Sepperl, daß er's Essen tragt.
Und wia er kimmt die Brüader z'gegn —
De habn ahn scho' von weiten gsehgn —
Da sagt der Älteste zu de andern:
„Schaugts hi' — da siehcht ma 'hn wieder wandern.
Wia unseroans kann der net geh',
Der traamt und schlaft ja scho' im Steh'.
Ma moant scho' grad er war amal
A königlicher Hofmarschall
Und hätt verschluckt an Kleiderbügel.
Den hats — da gib i Briaf und Siegel.
Wia i mi auf den aufe kniagel —
Heut hau ma 'hn recht, heut kriagt er Schmirgel!
Dann schmeiß ma 'hn eine in a Gruaberl,
Na kann er schrein, dees Brunnabuaberl.
Auf d'Seiten muaß er, dees is gwiß —
I ko's net oschaugn mehr, dees Gfrieß.
Im größten Loch, dees wo ma finden,
Da laß ma 'hn boazen und verschwinden." —
„Jawohl, dees tean ma", so habn s' gschrian,
Bloß oana der wollt protestiern.
Der Ruben wars und der hat gsagt:
„Hat euch iatz gar der Teufel packt?
Er is doch schließlich unser Bruader!" —
„Halt du dei' Mäu, du damisch Luada!
Wennst no' was sagst, fliagst aa mit nei',
Dann braucht er net alloane sei'!" —
Und wirkli, wia der Seppei kemma,
Tean s'eahm zuvor an Freßkorb nehma
Und nachher habn s' 'hn glei zu zehnt
Der Reih nach gwatscht, damit ers gwöhnt.
Habn eahm die Tracht vom Leib ro grissen
Und nackert in an Brunna gschmissen.
Auf dees nauf habn s' recht dreckert glacht,
Sich zsammgsetzt und guat Brotzeit gmacht.

3.3 Etienne Méhul/Alexandre Duval: Die Ballade von Joseph

A peine au sortir de l'enfance	
Quatorze ans au plus je comptais,	
Je suivis avec confiance	*confiance (la)* Vertrauen
De méchants frères que j'aimais.	*méchant, -te* böse, schlecht
Dans Sichem aux gras pâturages,	*gras, -se* fett, dick
Nous paissions de nombreux troupeaux.	*pâturage (la)* Weideplatz
J'etais simple, comme au jeune âge,	*paissions → paître* weiden
Timide comme mes agneaux.	*troupeau (le)* Herde
	agneau: agnellus, agnus
Près de trois palmiers solitaires,	
J'adressais mes voeux au Seigneur	*voeu (le)* Gelübde, Gebet
Quand, saisi par ces méchants frères,	*saisi (→ saisir):* gepackt
— J'en frémis encore de frayeur! —	*frémir de* schaudern vor
Dans un humide et froid abîme	*frayeur (la)* Schrecken
Ils me plongèrent dans leur fureur.	*abîme* Abgrund, Tiefe
Quand je n'opposais à leur crime	*plonger* tauchen; stürzen
Que mon innocence et mes pleurs!	
Hélas, près de quitter la vie,	
Au jour je fus rendu.	
A des marchands de l'Arabie,	
Comme un esclave je fus vendu.	*je fus ~ fui*
— Tandis que, du prix de leur frère,	
Ils comptent l'or qu'ils partagaient,	*partager* teilen
Hélas, moi, je pleurais mon père	
Et les ingrats qui me vendaient.	*ingrat (-te) ~ in-gratus*

Ich war Jüngling noch bei Jahren,
vierzehn zählte kaum ich nur,
und ich träumte nicht Gefahren,
folgte meiner Brüder Spur.
Sichem gab uns fette Weide,
sie gehörte unserm Stamm,
niemand tat ich was zuleide
und war schüchtern wie ein Lamm.

Wo drei Palmen einsam stehen,
lag ich im Gebet vor Gott.
Da begannen ihr Vergehen
meiner Brüder freche Rott.
Eine Grube war daneben,
dahinein versenkt man mich, —
ach, ich denk daran mit Beben,
sie war kalt und schauerlich.

Endlich ward ich rausgezogen,
ich war schon dem Tode nah.
Durst nach Gold hat überwogen,
Sklavenhändler waren da.
Diesen ward ich hingegeben,
Gierig teilten sie das Gold:
meines teuren Vaters Leben
klebt vielleicht am Sündensold.

(Übersetzer unbekannt. Quelle: Wie tut mir mein Herze bluten. Lieder aus der Küche. Gesammelt . . . von H. Goertz. München² 1966, S. 146 f.)

3.4 Der Koran: Zwölfte Sure (Übersetzung: Max Henning)

19. Und es kam eine Karawane, und sie schickten ihren Wasserschöpfer aus, und er ließ seinen Eimer hinab. Da rief er: „O Glück! Hier ist ein Jüngling!" Und sie verbargen ihn als Ware, Allah aber wußte ihr Tun.
20. Und sie verkauften ihn für einen winzigen Preis, für ein paar Dirhem[1], denn sie schätzten ihn nicht hoch.
21. Und es sprach sein Käufer, ein Ägypter, zu seiner Frau: „Mach seine Wohnung geehrt, vielleicht nützt er uns oder nehmen wir ihn als Sohn an." Und so gaben wir Joseph eine Stätte im Lande und lehrten ihn die Deutung der Geschichten. Und Allah ist seiner Sache gewachsen, jedoch wissen es die meisten Menschen nicht.
22. Und als er seine Vollkraft erreicht hatte, gaben wir ihm Weisheit und Wissen; und also belohnen wir die Rechtschaffenen.
23. Und sie, in deren Haus er war, stellte ihm nach und verriegelte die Türen und sprach: „Komm her!" Er sprach: „Allah verhüte es! Siehe, mein Herr hat mir eine gute Wohnung gegeben. Siehe, den Ungerechten ergeht es nicht wohl."
24. Und sie verlangte nach ihm; und auch er hätte nach ihr verlangt, wenn er nicht ein Zeichen von seinem Herrn gesehen hätte. Also (taten wir,) um Schlechtigkeit und Schändlichkeit von ihm abzuwehren. Siehe, er war einer unserer lautern Diener.
25. Und sie liefen beide zur Tür, und sie zerriß sein Hemd von hinten; und sie trafen auf ihren Herrn bei der Tür. Sie sprach: „Was ist der Lohn dessen, der gegen deine Familie Böses im Schilde führt, das Gefängnis oder schmerzliche Strafe?"
26. Er sprach: „Sie stellte mir nach." Und es bezeugte ein Zeuge aus ihrer Familie: „Wenn sein Hemd vorn zerrissen ist, so hat sie die Wahrheit gesprochen, und er ist ein Lügner.
27. Ist sein Hemd jedoch hinten zerrissen, so hat sie gelogen, und er hat die Wahrheit gesprochen."
28. Und da er sein Hemd hinten zerrissen sah, sprach er: „Siehe, das ist eine eurer Listen! Siehe, eure List ist groß!
29. Joseph, wende dich ab hiervon, und du, (o Weib,) bitte ihn für deine Schuld um Verzeihung; siehe, du hast gesündigt."
30. Und es sprachen die Weiber in der Stadt: „Die Frau des Hochmögenden hat ihrem Burschen nachgestellt. Er hat sie zur Liebe entflammt; siehe, wahrlich, wir sehen sie in offenkundigem Irrtum."
31. Und als sie von ihrer Bosheit vernahm, schickte sie zu ihnen und bereitete ihnen ein Gelage und gab einer jeden von ihnen ein Messer und sprach (zu Joseph:) „Komm heraus zu ihnen." Und da sie ihn sahen, rühmten sie ihn und schnitten sich in die Hände und sprachen: „Allah behüte! Das ist kein Mensch, das ist ein edler Engel!"

[1] Dirhem: altarabische Silbermünze (aus griech. Drachme)

32. Sie sprach: „Und dieser ist's, um dessentwillen ihr mich tadeltet. Und wahrlich, ich stellte ihm nach, doch widerstand er. Und wahrlich, wenn er nicht nach meinem Geheiß tut, soll er ins Gefängnis geworfen und verächtlich behandelt werden."
33. Er sprach: „Mein Herr, das Gefängnis ist mir lieber als das, wozu sie mich einladen. Und wenn du nicht von mir ihre List abwendest, gebe ich ihnen in meiner Jugend nach und werde einer der Toren."
34. Und es erhörte ihn sein Herr und wendete ihre List von ihm ab. Siehe, er ist der Hörende, der Wissende.
35. Alsdann beliebte es ihnen, nachdem sie die Zeichen (seiner Unschuld) gesehen hatten, ihn für eine Zeit einzusperren.

3.5 Hans Jakob Christoffel von Grimmelshausen

Des vortrefflichen keuschen Josephs . . . Lebensbeschreibung

Da brach ihm doch ſein Hertz / daß er ſich nicht länger enthalten: noch einig Wort mehr reden konte / auſſer / daß er noch ſeine Leut mochte abtretten heiſſen. Als ſolche hinweg / fieng er inniglich an zu weinen / und ſagte auf Hebreiſch zu ihnen.

Die Tugend und Gottesfurcht / die ihr / neben der Lieb zu eurem Bruder / ſcheinen laſſet / iſt gröſſer / als ich mir eingebildet hab! Ich bin Joſeph / euer Bruder / den ihr den Ißmaeliten verkaufft habt / und hab wollen erfahren / ob ihr auch mit dem Benjamin / wie mit mir handlen / oder ihn ſonſt in Nöthen verlaſſen wollet; Weil ich euch aber redlich und aufrichtig gegen ihm zu ſeyn befunden / ſehet! ſo vergeb ich euch alles das jenig / wormit ihr euch wider mich vergriffen zu haben vermeinet; Dann ich bin deſſen nunmehr genugſam verſichert / daß euer böſer Rahtſchlag / mich zu verderben / nicht aus Trieb angeborner böſen Eigenſchafft entſprungen: Sondern durch die Göttliche Vorſehung alſo verordnet worden / damit ich zu dieſer hohen Würde gelangen / und euch und die eurige in dieſer groſſen Theurung erhalten möge; Will derowegen / daß keiner von euch der vergangenen Zeit / und was ihr gethan habt / anderer Geſtalt mehr gedencke / er wolle den GOtt darum dancken / daß er euch den Einfall / mich zu verkauffen / in Sinn geben habe; Daß mein Vatter noch lebe / habe ich bereits von euch mit hertzlicher Freud vernommen / derowegen ſollet ihr morgen unverzüglich wiederum zu ihme ziehen / und ihm verkünden / was ihr bey mir geſehen und gehört habt / damit er ſich / wegen euers langen Ausbleibens / nicht zu ſehr bekümmere / ſondern ſich / wegen meiner Wolfahrt / erfreuen möge.

Als er ſolches geſagt / hat er ſeine Brüder nacheinander empfangen / und ſonderlich den Benjamin hertzlich geküſſet.

3.6 Thomas Mann: Joseph und seine Brüder (Schluß)

Also ging Benjamin zum Erhöhten ins Zelt und sagte verlegen: „Joseph-el, verzeih die Störung, aber die Brüder lassen dir kundtun durch mich, der Vater habe auf seinem Sterbebett dich heilig ersuchen lassen, daß du ihnen kein Leides tust für das Verjährte nach seinem Tode, denn auch danach wolle er zwischen euch sein zu ihrem Schutz und dir die Rache verwehren."
„Ist denn das wahr?" fragte Joseph und bekam feuchte Augen.
„So besonders wahr ist's wahrscheinlich nicht", antwortete Benjamin.
„Nein, denn er wußte, es sei nicht vonnöten", setzte Joseph hinzu, und zwei Tränen lösten sich von seinen Wimpern.
„Sie sind wohl hinter dir vor dem Haus?" fragte er. „Sie sind da", antwortete der Kleine. „So wollen wir zu ihnen hinausgehen", sagte Joseph.
Und er trat hinaus unters Sterngeflimmer und ins Weben des Mondes: Da waren sie und fielen nieder vor ihm und sprachen:
„Hier sind wir, Diener des Gottes deines Vaters, und sind deine Knechte. So vergib uns nun doch unsre Bosheit, wie dir dein Bruder gesagt hat, und vergilt uns nicht nach deiner Macht! Wie du uns vergeben hast zu Jaakobs Lebezeit, also vergib uns auch nach seinem Tode!"
„Aber Brüder, ihr alten Brüder!" antwortete er und beugte sich zu ihnen mit gebreiteten Armen. „Was sagt ihr da auf? Als ob ihr euch fürchtet, ganz so redet ihr und wollt, daß ich euch vergebe! Bin ich denn wie Gott? Drunten, heißt es, bin ich wie Pharao, und der ist zwar Gott genannt, ist aber bloß ein arm, lieb Ding. Geht ihr mich um Vergebung an, so scheint's, daß ihr die ganze Geschichte nicht recht verstanden habt, in der wir sind. Ich schelte euch nicht darum. Man kann sehr wohl in einer Geschichte sein, ohne sie zu verstehen. Vielleicht soll es so sein, und es war sträflich, daß ich immer viel zu gut wußte, was da gespielt wurde. Habt ihr nicht gehört aus des Vaters Mund, als er mir meinen Segen gab, daß es mit mir nur ein Spiel gewesen sei und ein Anklang? Und er hat wohl gedacht, in seinen Bescheiden an euch, des Argen, das sich einst abgespielt zwischen euch und mir? Nein, sondern er schwieg davon, denn er war auch im Spiel, dem Spiele Gottes. Unter seinem Schutz mußt' ich euch zum Bösen reizen in schreiender Unreife, und Gott hat's freilich zum Guten gefügt, daß ich viel Volks ernährte und so noch etwas zur Reife kam. Aber wenn es um Verzeihung geht unter uns Menschen, so bin ich's, der euch darum bitten muß, denn ihr mußtet die Bösen spielen, damit alles so käme. Und nun soll ich Pharao's Macht, nur weil sie mein ist, brauchen, um mich zu rächen an euch für drei Tage Brunnenzucht, und wieder böse machen, was Gott gut gemacht? Daß ich nicht lache! Denn ein Mann, der die Macht braucht, nur weil er sie hat, gegen Recht und Verstand, der ist zum Lachen. Ist er's aber heute noch nicht, so soll er's in Zukunft sein, und wir halten's mit dieser. Schlafet getrost! Morgen wollen wir nach Gottes Rat die Rückfahrt aufnehmen ins drollige Ägyptenland."
So sprach er zu ihnen, und sie lachten und weinten zusammen, und alle reckten die Hände nach ihm, der unter ihnen stand, und rührten ihn an, und er streichelte sie auch. Und so endigt die schöne Geschichte und Gotteserfindung von *Joseph und seinen Brüdern.*

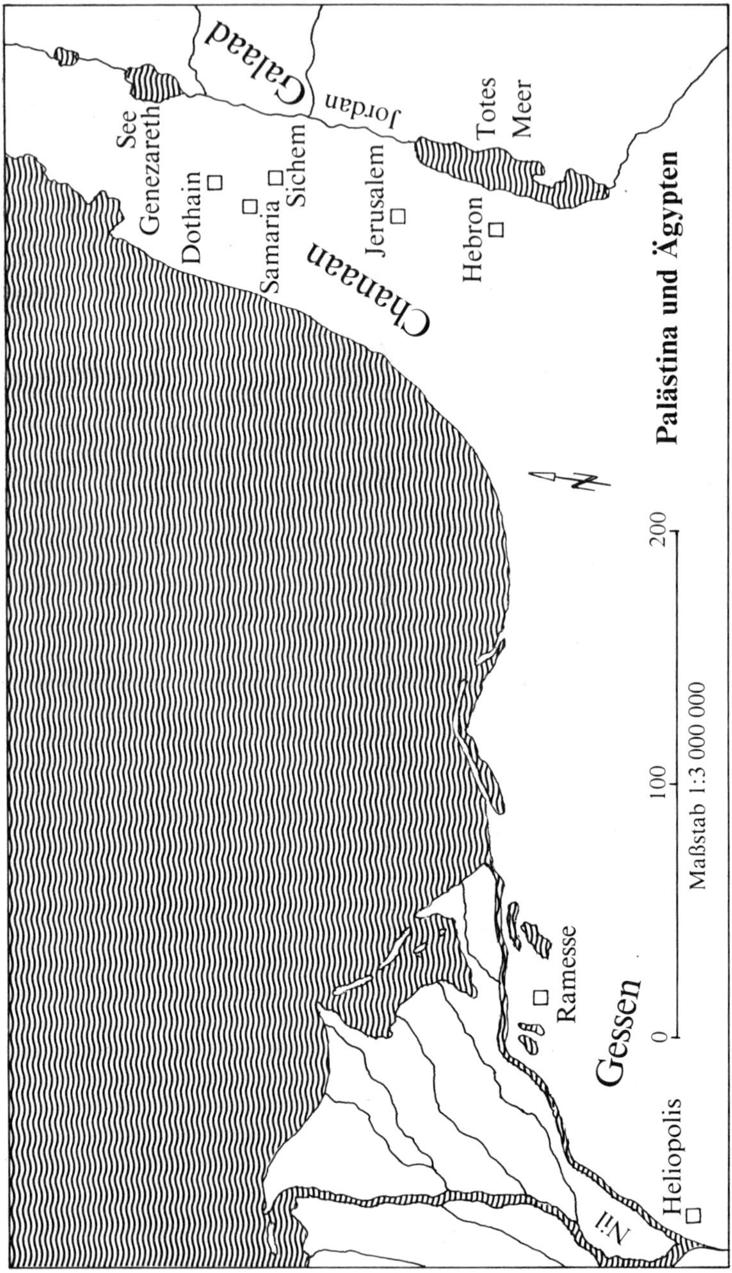

Palästina und Ägypten